讓生活簡單快適的55個靈感

自序

因為丈夫頻繁調職的緣故，我們家到目前為止包括海外曾有過5次搬家的經驗。
也許大家會因為這樣而認為，我們家平時的生活一定很簡潔、沒有多餘物品吧？其實剛好相反。
我們家擁有許多物品，每次搬家時都大包小包的打包裝箱、再一一拆箱使用。

但是，我們每一次搬到新家之後在當地認識的人們，
幾乎都過著非常簡單、且具有濃烈自我色彩的生活，真讓人覺得不可思議。
在夏威夷與加州所認識的朋友們，
大家都過著既放鬆又自由自在的日子，隨時隨地都保有最自然的樣貌，
依照自己的步伐，沒有一絲勉強地、享受著每一天的生活。
實際接觸了這些人的真實生活後，讓我重新檢視了自己平常的生活，
是不是被太多不需要的東西所團團包圍了呢？
也因此，我也慢慢試著從做得到的事情開始著手，一點一滴改造自己的家。

為了讓全家人能一起持續過著簡單的生活，
我了解到必須先下一番功夫將家裡的物品整理得有條不紊，
還得要轉換長久以來的思考模式才行。
經過了許多錯誤的嘗試之後，我們家也終於變得比較簡潔一些，
慢慢成為了一個讓人待起來舒服自在的環境。

在本書中，希望能將我日常生活中親身實踐的小習慣與心思傳達給各位。
而我也會將從那些享受著簡單生活的朋友們身上學習到的事，
整理成55個生活小靈感，一併介紹給大家。

每一天的層層累積，都將成為人生。
正因為如此，才要將每天的日常生活過得簡單又有餘裕，進而更珍惜每一天。
在這本書中介紹的生活小靈感，
希望能在大家的日常生活中成為助力。

目次

Vivre Sa Vie

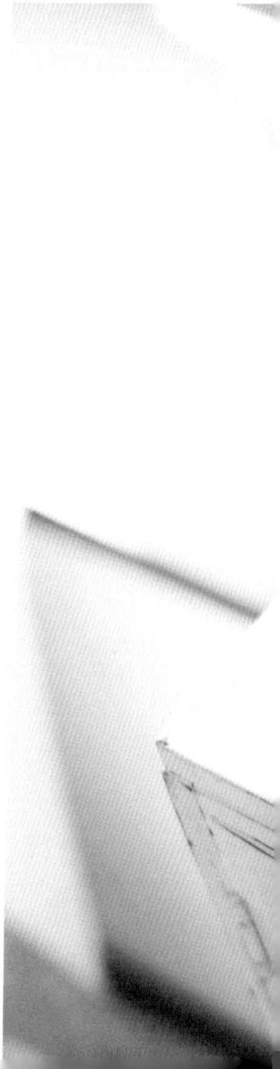

Chapter 5

讓心靈保持從容的靈感

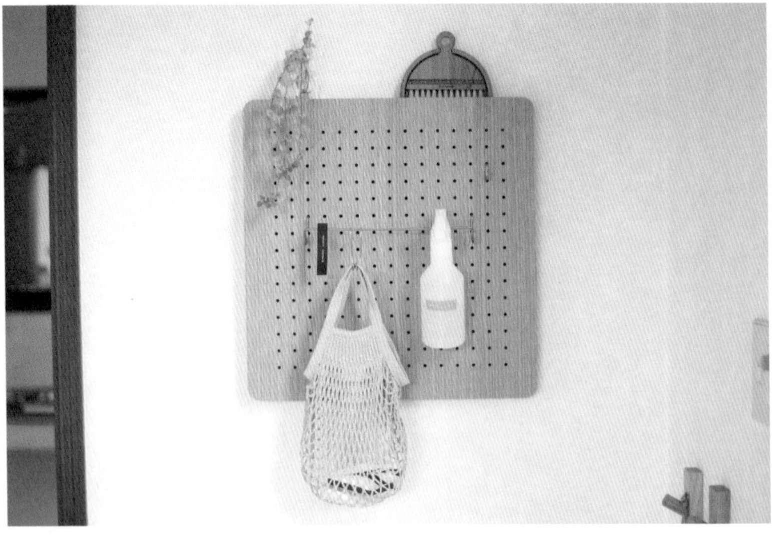

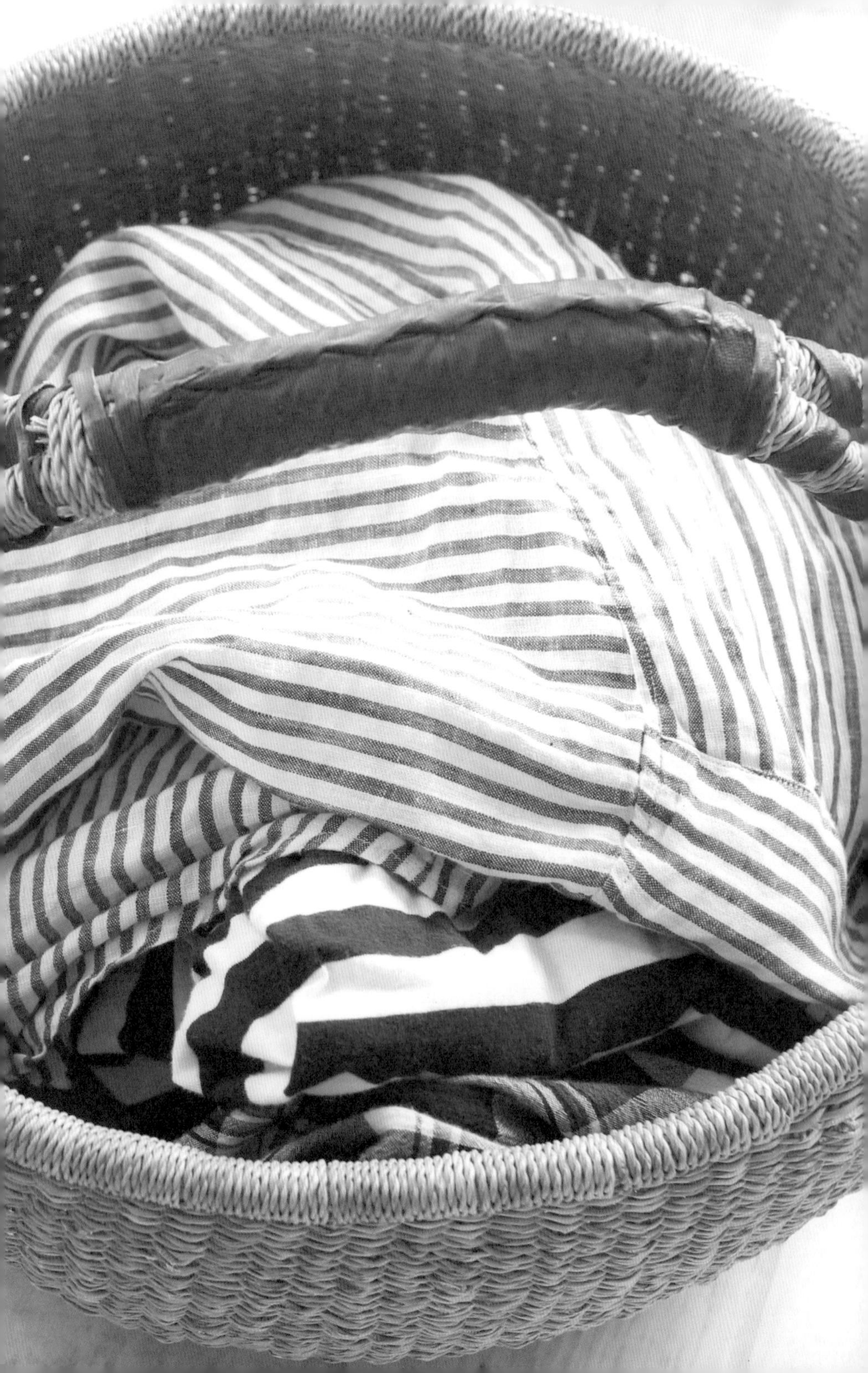

Chapter 1

讓整理收納變得更輕鬆的靈感

1 無須堆疊的整齊收納法

在我們家，每天都要進行一連串洗衣↓摺衣↓收進衣櫥的工作。以前曾在雜誌上看過那種將每件衣服整齊摺好、不留一絲縫隙的美觀衣櫥收納示範，因此在我剛開始追求簡單生活的時候，也曾經嘗試過這樣的收納方式。雖然將大量的衣服整齊地收進狹小空間裡看起來很美輪美奐，沒過幾天還沒摺好的衣服卻又變得堆積如山……。這種收納方式的難度實在太高了，讓我感到挫敗不已。

對於一家五口的我們家來說，「不花時間收進衣櫥」絕對是必備法則。要在有限的空間內塞進大量的衣服，不僅執行起來很麻煩，也無法長久維持。這下該怎麼辦才好呢？唯一的解決方式就是「減少衣服的數量」。

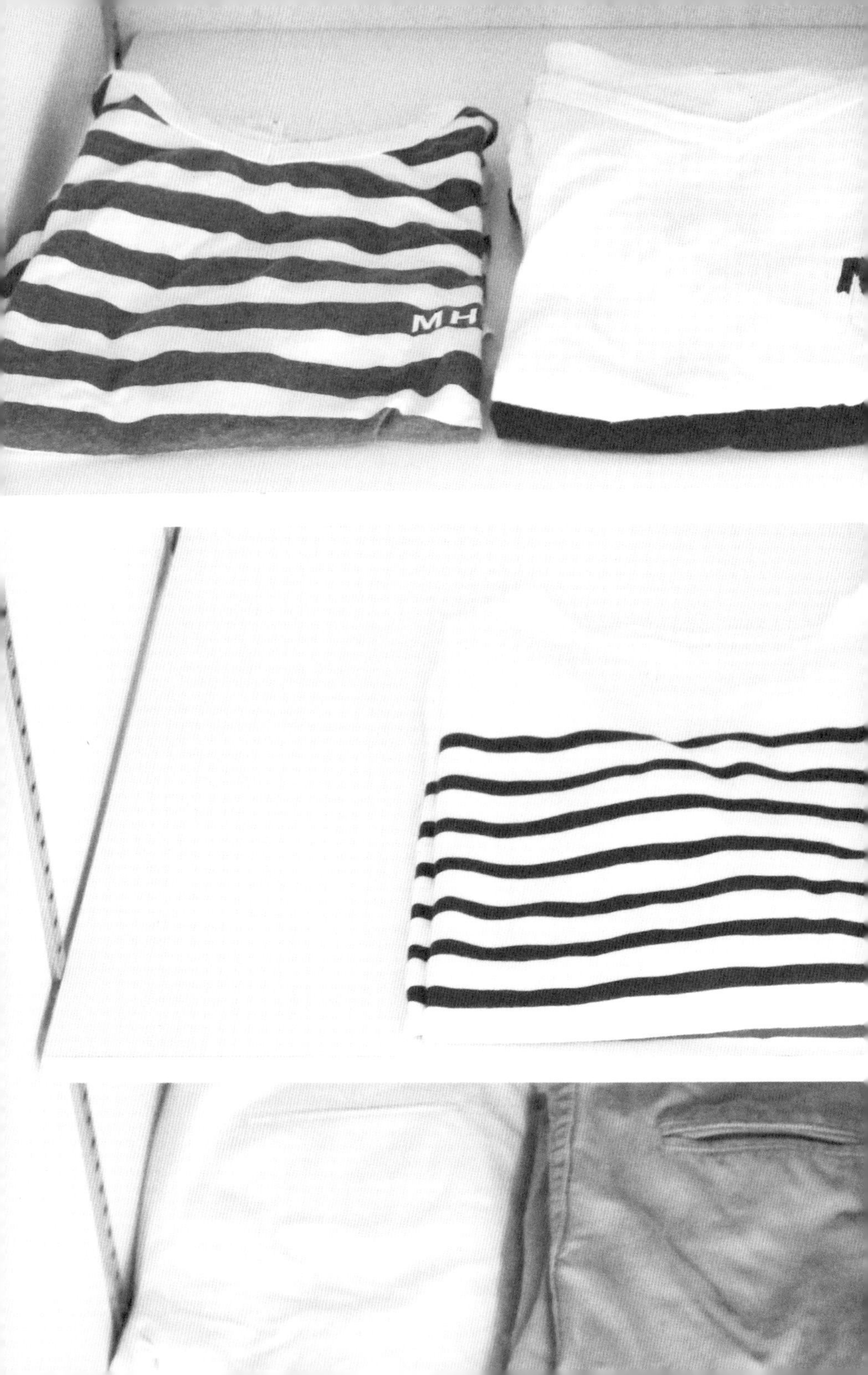
MH

也就是說，為了讓收納衣服變得更方便，必須將衣服的數量減到最低需要的程度，平時也必須時常意識到不可以再增加更多衣服。如果購買了一件新的衣服，就必須迅速檢視一遍衣櫥，將裡面的一件舊衣出清。

一旦衣服數量變少了，收納起來就會變得格外輕鬆。這時候，衣櫥裡面只剩下以「今天想要穿在身上」為基準挑選出來的衣服，每天便再也不會煩惱該穿什麼才好了。

我的衣櫥中設有6層木製隔板，其實一開始購入時每一層隔板上都放有一個收納盒作為抽屜，衣服就收納在抽屜裡面。多虧我減少了衣服數量，衣服再也不必一一放入抽屜裡面，現在我只要「站在衣櫃前面迅速摺好衣服、直接擺在隔板上」就好了。收衣服的時候再也不需要「打開抽屜」，省了這個步驟後真的輕鬆很多。

順帶一提，我在每一層隔板只會放置4件衣服，而且「最多只能重疊2件」，這麼一來無論是收衣服還是拿衣服都變得非常方便。比起把衣服收進抽屜裡，直接把衣服放在隔板上還是比較適合我的作法。自從開始這樣收納之後，只要一眼就能看見所有的衣服，到了每天早上要挑衣服穿的時候，真的幫上了大忙。

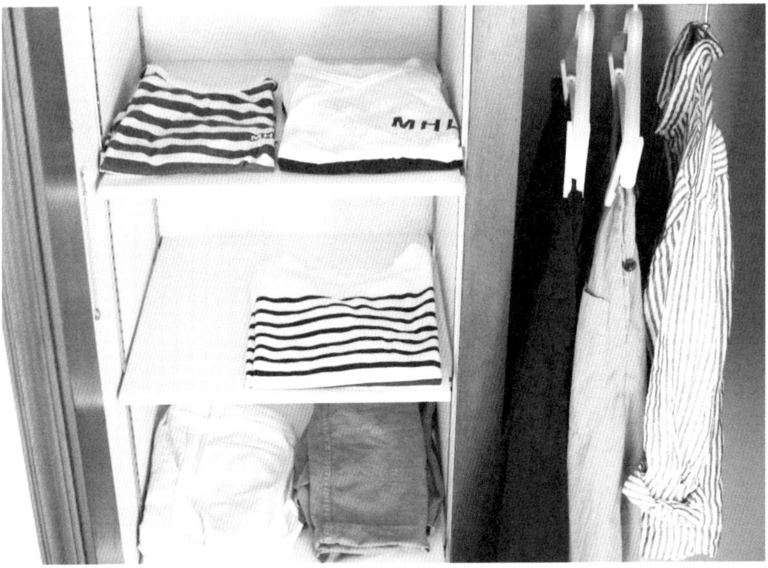

將衣櫥內的隔板調整成容易拿取衣服的間隔，由上往下為上衣、褲子類，內衣及襪子類則收進竹籃裡，放置在衣櫥的最下方。

另外，襯衫、裙子、洋裝、還有外套（帽T）則是掛在衣架上。只要將衣架都統一成同樣簡單的外型（我是挑選無印良品的衣架），使每件衣服的高度一致，看起來便會更加俐落清爽。

2 了解最適合自己的衣服數量

我想，每個人所需要的衣服數量皆有所不同，端看個人的生活形式而定。

像我自己的話，基本上春夏秋季的上衣（包含薄外套與背心）共9件、下半身裙褲共6件；冬季上衣共6件、下半身裙褲共4件、連身裙1件，總計26件。粗略計算下來，每一季所需要的上衣為3～4件，而下半身裙褲則為2～3件。

以前，我總認為薄外套越多越好，就連登場機會不多的針織外套與連帽外套也塞好了好幾件在衣櫥的角落裡。不過，事實上每天會伸手拿出來穿的總是同樣幾件。在我慢慢減少衣服的過程中，我了解到其實薄外套只要擁有1件針織外套與1件連帽外套，就非常夠穿了。

而且，因為家裡還有年紀尚小的孩子，我在穿衣服的時候總會自動想到「容易行動的衣服才是最佳選擇！」於是逐漸減少了裙子的數量，而將褲子的比例提高。此外，沒有特別用意、卻擁有大量的短袖T恤，也是刪減數量的重要關鍵。當我了解到即使是在夏季，長袖襯衫卻出乎意料外地時常會穿到時，我就決定將長袖襯衫當作一年四季都會反覆穿搭到的單品。外出時只要將袖子隨興地捲起來（露出手腕看起來還能顯得比較修長），回到室內時再將袖子長度歸回原位，還能應付夏季的冷氣房；不僅如此，在陽光較強烈的時候，穿著長袖還具有防止曬傷的效果，可說是好處多多。

說到選擇衣服的條件，首先要以簡單的款式為佳，盡量以在一年四季都可以重複穿搭的單品為主。到了冬季，我都會穿UNIQLO所推出的「極暖」吸濕發熱衣，因此基本上沒有太厚的衣服；而外套我也會選擇可以自由拆卸內襯的款式，只要擁有1件就可以從寒冬一直穿到春天。

現有衣物一覽表

春・夏・秋季

上衣

我的一般上衣都是在MHL.與無印良品購入。方便反覆穿搭的格子襯衫是100%純棉材質，而直條紋襯衫則是屬於棉麻材質。

藍色條紋T恤

白襯衫

T恤

橫條紋針織上衣

直條紋襯衫

T恤

橫條紋針織上衣

平織格紋襯衫

薄外套

這件針織薄外套是我在無印良品所購買。穿丹寧褲搭配T恤時，只要披上這件針織外套，就不會顯得太過休閒，我很喜歡。屬於不容易縐的材質、適合隨身攜帶，這點也令人滿意。

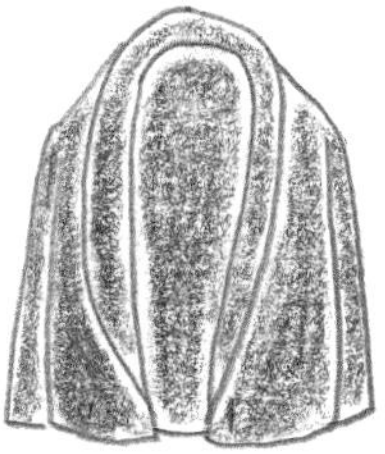

針織薄外套

下半身裙褲

在挑選下半身單品時，我最注重的是實際穿著起來的舒適度。我比較喜歡將長褲稍微反摺上來、露出一點腳踝的穿法。而容易弄髒的白色褲子是在無印良品購入，不傷荷包的親民價格，讓人可以沒有負擔地輕鬆穿搭。

白色褲子

丹寧褲

寬褲

卡其褲

裙子

附有口袋的A字裙

現有衣物一覽表

冬季

上衣

到了冬季，我會穿上在UNIQLO購買的「極暖」吸濕發熱衣，只要在發熱衣外套上一件外衣即可。套頭毛衣我選擇的是頸部不會過於緊束的無印良品男生尺寸S號，天氣特別寒冷時，我會穿上套頭毛衣再搭配刷毛背心或連帽外套來保暖。

毛衣

橫條紋針織上衣

白色襯衫

連帽外套

橫條紋針織上衣

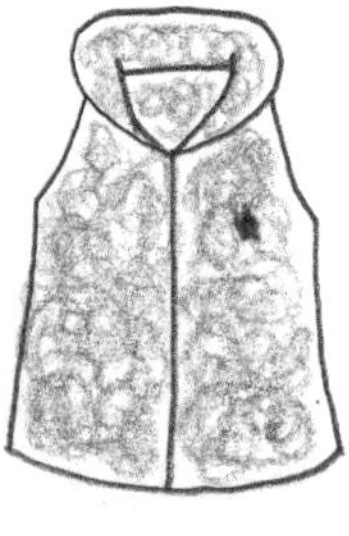
刷毛背心

下半身裙褲

冬季的下半身單品，除了穿著起來的舒適度之外，保暖性也非常重要。內刷毛的丹寧褲穿起來非常溫暖，我選擇的是線條比較寬鬆的男友褲剪裁。深藍色與白色的燈芯絨長褲也是在無印良品購入的，稍微寬鬆的設計行動起來很方便，我很喜歡。

羊毛裙

白色燈芯絨長褲

深藍色燈芯絨長褲

內刷毛丹寧褲

外套

THE NORTH FACE的防水型輕量防風外夾克附有帽子，每天接送小孩上幼稚園的路途我都會固定穿這件外套。而MHL.的長大衣附有可拆卸的內襯，從深秋一直到初春都可以派上用場。

連帽防風夾克

長大衣
（附有內襯）

3

當內心感到煩躁不安
就是改善的好機會

我心目中理想的家，除了乾淨整齊之外，還必須是能在想要「做些什麼」的時候立刻讓人能動起來的環境。只要把家中的各種物品整理得容易拿取、也容易收拾，就能讓我的心情感到平靜。

每天早晨品嚐咖啡是我們夫妻倆的習慣，不過，以前我們家的咖啡杯、濾紙與蜂蜜等咖啡相關用品，都收在廚房的櫃子裡。可是，咖啡研磨機卻是固定放置在廚房隔壁的小房間桌上。某天當我在泡咖啡的時候，心裡突然感到煩躁了起來。這煩躁的感覺其實就是「怎麼這麼麻煩」、「要用的時候很難找」的徵兆。究竟該怎麼收納才能讓使用的時候最順手呢？我一邊在腦海裡模擬泡咖啡的步驟、一邊尋找最適合的收納位置。

家中物品放置的區域，若是在使用時感到有點煩躁與不便，就是改善收納位置的好機會，讓物品使用起來能更方便順手。舉例來說，即使只是一把剪刀，比起要站起來走2、3步才能拿到手，若能直接坐在座位上、手一伸就能拿到，就會讓人感覺更自在。這麼一來，生活起來就會變得輕鬆無比。我認為只要將這種生活上的諸多小事累積起來，就能讓人越來越接近自己心目中理想的生活。

在咖啡研磨機旁邊的牆壁上，我掛了一個小小的架子（無印良品的壁掛家具系列・箱），把平常喝咖啡時會用到的物品與咖啡杯都擺在那上面。

我以前都是直接把紅茶茶包放在原本的包裝盒裡，不過，自從我把茶包移到玻璃罐（WECK）裡、直接放在茶壺旁邊之後，泡起茶來就方便了不少。我選擇的是瓶蓋容易開闔的款式。

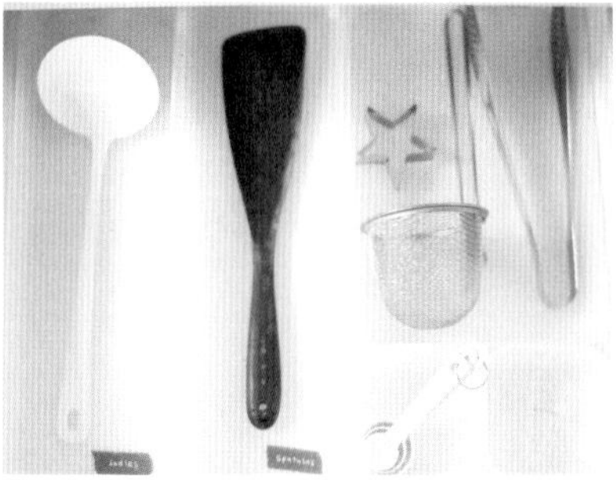

關於廚房用品方面，只要是同樣目的的用具我只會保留一個。由於廚房用品的使用頻率很高，我會以容易拿取、收納為最高指導原則。我使用無印良品的分隔抽屜收納廚具，並且在每一格都貼上標籤，這麼一來就可以毫不猶豫地將物品歸回原位。

4

即使是一點點不太整齊也不要視而不見

就算已經大幅減少家中物品的數量，一定還是會有一些凌亂之處，像是亂七八糟的電源線就是我一直以來感到在意的地方。在整理收納各種物品時，我們家常會用到在百元店即可購入的「長尾夾」。長尾夾從最小的一直到巴掌大的尺寸都相當齊全，我會依據不同用途來選擇適合的尺寸使用。

此外，我們家用來對付凌亂的第2個好物就是「托盤」。我們家除了有好幾個普通的長方形托盤之外，圓形托盤也常會派上用場。使用圓形托盤的好處是，只要轉一轉托盤底座，就能輕鬆地取出放置在托盤內側的物品。不僅適合收納放置在高櫃子上的各種小物，反之，將圓形托盤放在最低的櫃子裡使用也非常方便。

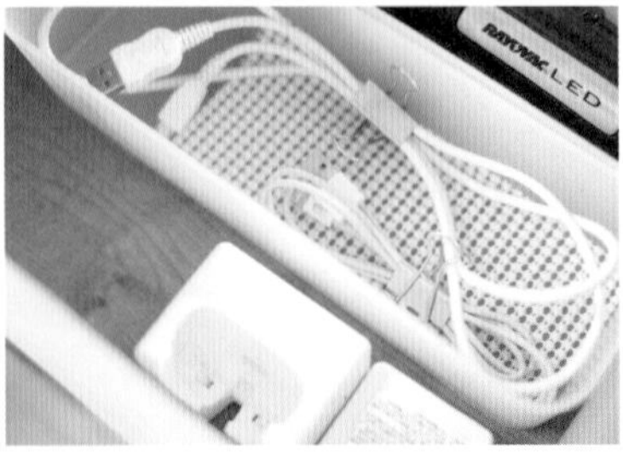

使用長尾夾來整理收納冗長的電源線非常方便！

擺放在高櫃子裡的各種物品，只要集中放置在圓形托盤裡，就能利用旋轉托盤的方式任意取用。這裡使用的是，表面採用亞麻質地、散發出自然氣息的「fog亞麻布面托盤」。

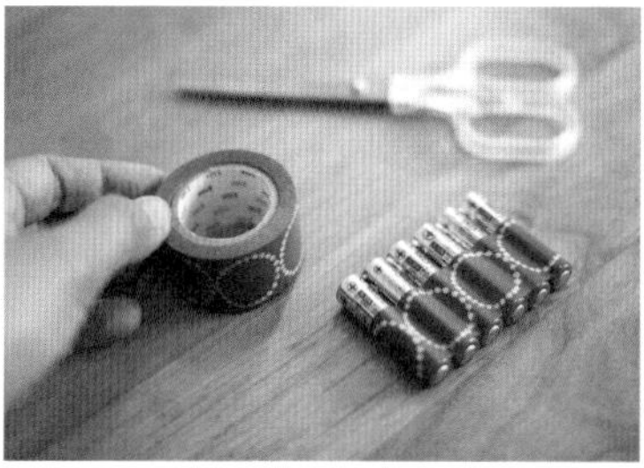

電池一旦拆封之後就會四散各處，只要利用紙膠帶就可以整齊地收好電池。訣竅是利用幅度比較寬的紙膠帶、只貼住單面電池。

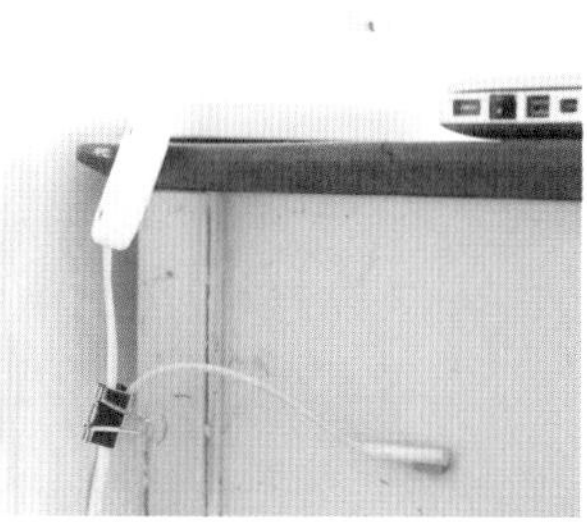

只要利用長尾夾將電腦的電源線跟桌燈的電源線夾在一起，要充電的時候就不必每次都彎腰到地上撿電源線，感覺輕鬆許多。

5

每天以5分鐘為單位整理環境

在我們家，不管是打掃或整理環境都是以5分鐘為單位，而且是採取「順便」打掃的方式。舉例來說，在等水煮滾的這段時間，我會利用自製的薄荷清潔水（將水倒入噴灑瓶中，再滴入1滴薄荷精油）噴灑在廚房流理台上，迅速擦拭過一遍，再用科技海綿輕輕擦拭水槽內部。或是在與母親講電話時，順手

拿羊毛撢子輕輕拍落電視周圍與收納櫃周遭的灰塵，像這樣一邊在做別的事的時候順便打掃環境。

此外，也可以利用零碎的時間來整理物品。前幾天，在等待單眼相機裡的照片上傳到電腦裡的這段時間（我們家的電腦要花很多時間才能上傳），我就順手把已經不看的書及雜誌類放進紙箱，為BOOKOFF的到宅收取舊書服務做好準備。還有，在幫女兒準備遠足要用的物品時，打開孩子專用的檔案夾，也順便把2張已經不需要的傳單拿去回收。

其實，要下定決心捲起袖子「現在開始好好打掃吧！」是很不容易的一件事，不過，如果只是用短短5分鐘的時間「順便」做點什麼的話，無論是打掃或收拾都可以用輕鬆愉快的心情來面對。

而擦地這項工作，最近我把本來習慣使用的「平板拖把」換成了「抹布擦地」。這是因為當我訪問幾位過著極簡生活的人們時，發現幾乎所有人都是利用抹布來擦地板，才讓我轉念改變清潔方式。由於孩子在學校使用的抹布，在家裡也有一塊備用，我就試著用抹布清潔地板了一陣子，這下子我才發現「原本以為用平板拖把已經清潔乾淨的地方，其實還是很髒」。

另一方面，利用抹布擦地時，只要雙手用力擦拭，地板

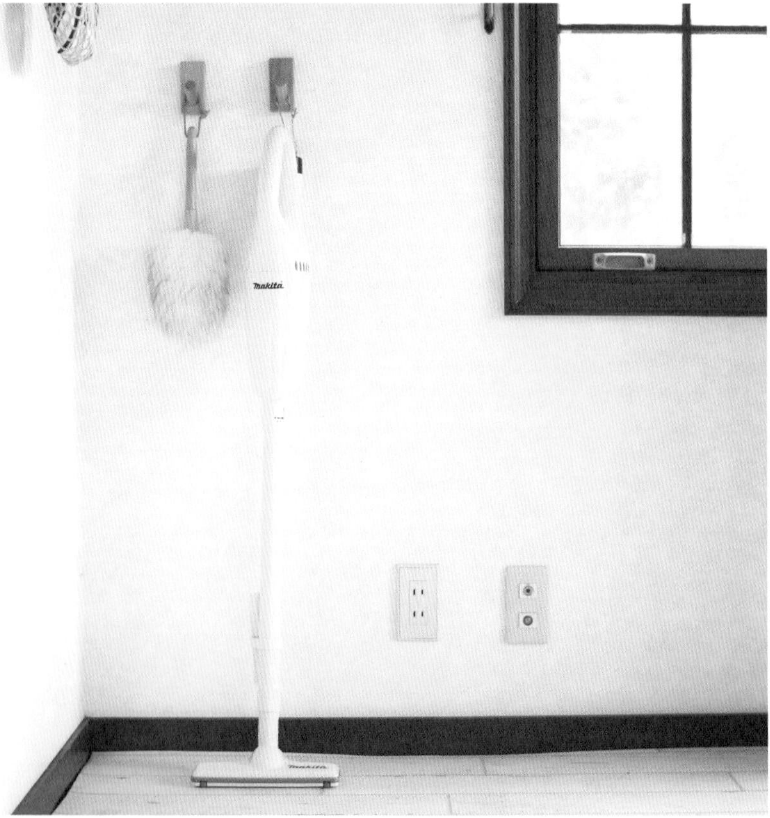

吸塵器與羊毛撢子都放在客廳的角落（一注意到髒亂時就可以直接伸手取用的位置）備用。

上的污垢很容易便能脫落，即使只擦了短短的時間，也會湧現出一種「認真打掃過了！」的清爽心情，我很喜歡這種感覺。現在我每天都會花3分鐘的時間，用抹布認真地清潔地板。

利用噴灑瓶灑出清水，再以抹布迅速擦拭地板。即使不用專門清潔劑，地板也能變得很乾淨。

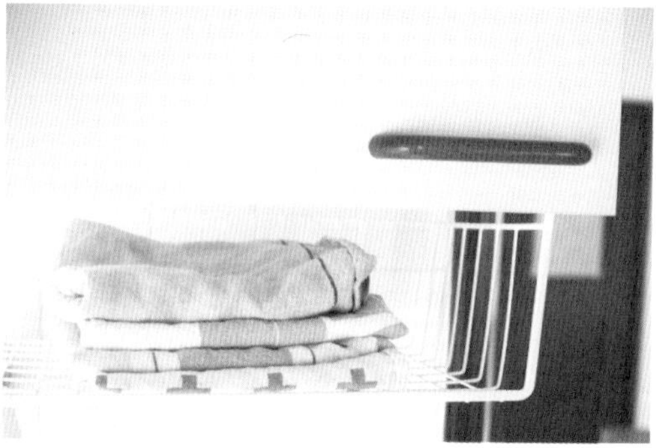

擦碗用的抹布、或是墊在碗盤下的桌巾（取代瀝水架使用）等，我都會集中疊放在櫃子下方的收納架（於百元商店購入），使用過後直接放進洗衣機清洗。

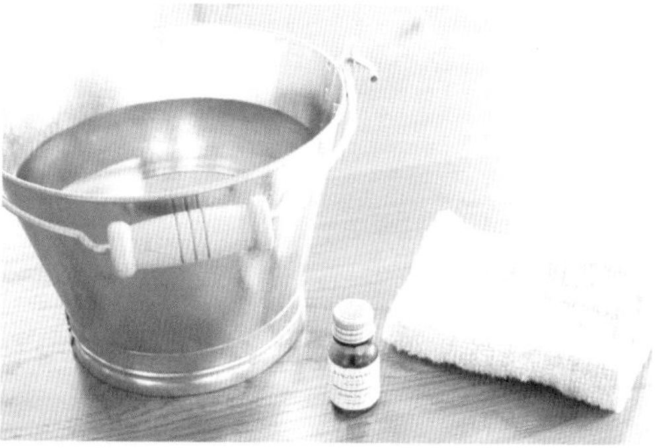

小尺寸的水桶比較方便到處提取。我會在水中滴入1滴薄荷精油。

向值得仿效的人請益 1

輕鬆保持居家環境整潔的訣竅

holon（現居東京都）

holon小姐

PROFILE

2014年開始在Instagram上發布自家室內布置的照片，以簡單+俐落的生活型態獲得大眾注目，非常受到歡迎。截至2016年6月為止已經有12萬以上的追蹤人數。目前為育有1子1女的職業婦女。著有『「シンプル+スッキリ=ラクチン」のもの選び』（KADOKAWA）、『シンプルライフの100のアイデア』（大和書房）。

holon一家四口目前居住於東京郊外的公寓。只要一踏進她家，便能感受到自己彷彿被清爽無比的空氣所包圍。以綠色&藍色配色的北歐式沙發、小小的木製兒童椅，構成了明亮又簡潔的整體空間。在簡單的室內空間中，只少量擺放了精心挑選過的物品，明明是第一次造訪，卻讓人感覺到十分安心又舒適。

養育著年幼孩子們的她，究竟是如何讓家裡維持得這麼整潔呢？

holon表示，「盡量以不花時間的方式改善每一項瑣碎的事情，我覺得，最重要的就是不要累

積待辦事項。」舉例來說，地板上盡量不堆放物品，營造出一個容易打掃的空間。她將垃圾桶掛在窗簾掛鉤上、電視也利用壁掛架掛在牆壁上。在各種地方都可以看見小小掛勾的身影，可說是ｈｏｌｏｎ家特有的風景。跟一般人「稍微放著一下」的舉動不同，在她家變成是「稍微掛著一下」。這個特殊的習慣對於維持整潔俐落的環境功不可沒。

此外，整理家務與打掃等工作，她也都是利用零碎的時間「順便」處理。例如，在雙手空閒下來的５分鐘內集中精神利用吸塵器打掃，

6

不把物品放在地上的小巧思

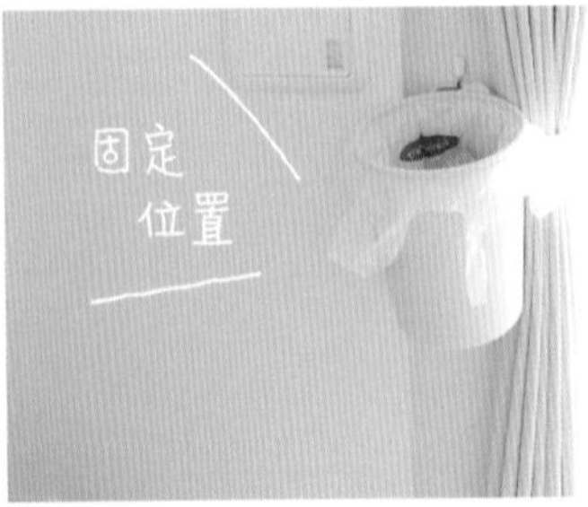

垃圾桶特地選擇旁邊附有把手的款式（在宜得利家居購入），固定懸掛在窗簾旁的掛勾上。

置物籃是TEMBEA的大型托特包，要提著走也非常方便。

她沒有特地請專業人士來家裡幫忙，而是與丈夫兩人合力組裝好電視壁掛架，實現了將電視懸掛在牆壁上的想法。

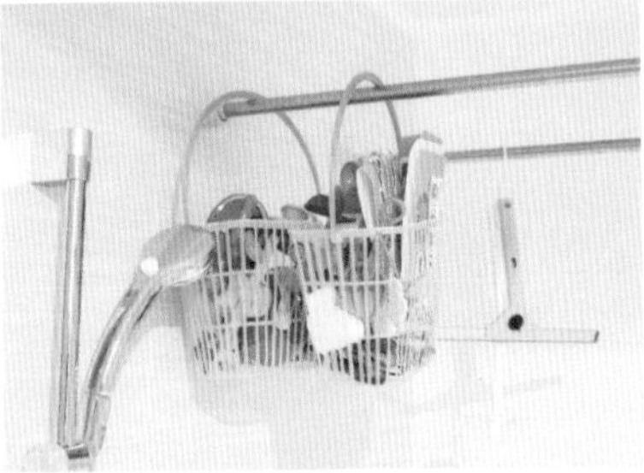

洗髮精等物品並不擺放在浴室內，而是在每一次洗澡時帶進浴室。玩具類物品則是用籃子收納並吊掛在桿子上。

或是在等待水煮滾的時間內稍微擦拭一下廚房，泡澡前等待放水的時間裡，清潔臉盆等諸如此類的用心。

「感覺上就像是在心裡覺得麻煩之前，身體就已經先動起來了」。人只要維持2週同樣的舉動，身體就會自動記住那感覺，在腦海還沒想到之前自然而然地就會開始動作了，也就是所謂的習慣成自然。跟「刷牙」是一樣的道理，身體自然而然會開始收拾或打掃。

這樣的思考模式，也同樣適合套用在廚房工作上。holon表示，「因為我不太擅長做菜」，因

7
全家人的衣物都集中放在同一處

襪子與內衣類都掛在衣櫥內的曬衣夾上。每個人都有一個這種附有曬衣夾的衣架。

基本上衣服都是以吊掛的方式收納。已經晾乾的衣物，不分大人小孩、全部都直接掛在衣架上，直接收進同一個房間的衣櫥裡。

此她會利用零碎的時間做好一些簡單的小菜，如燙青菜、芝麻涼拌菜、涼拌豆腐蔬菜等，等到要開飯前只要煎肉或魚等主菜，再配上白飯與湯就可以輕鬆變出一頓飯。

「我覺得每天改善一點點，是一件非常開心的事。」積極地看待身邊事物，以簡單的方式處理，並且珍惜日常生活的每一分每一秒。為了增加跟孩子一起玩遊戲的時間，她盡量把家事變得更有效率，將家裡整理得令人由衷感到安心又放鬆。我個人也非常期待接下來可以繼續看到holon每一天認真生活的模樣。

8

盡可能頻繁擦拭

無論是桌面或地板，都要養成只要察覺到髒污就立刻動手擦拭的習慣。別累積髒污、頻繁擦拭保持清潔，就是讓打掃變輕鬆的訣竅。只要花3分鐘左右擦拭即可。

9

讓所有的物品都有自己的家

好幾個大小不同的紙膠帶，只要用一條細繩吊掛起來，要使用時就會很方便。

就連一把小剪刀，都有專屬的固定擺放位置。

10

寬鬆的收納方式，能更容易取出物品

平常使用的鍋具與廚房用品都收納在廚房水槽後方，只要放在手一伸就能拿到的位置，使用起來就很方便。

將孩子們的餐具都集中收納在同一個位置，並且擺放成讓孩子能夠自行取出的狀態。

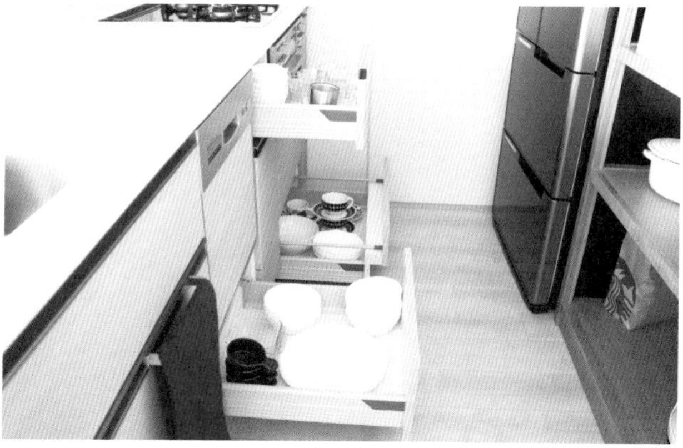

餐具只收納在抽屜櫃裡，平常並不使用餐櫃。杯子與杯碟是以成套的方式收納，要用的時候直接拿出來就可以了。

餐具選用的是能放入微波爐與洗碗機使用、並且不易破裂的類型。圖中的白色大碗是用來取代飯碗使用。

特地將時鐘與計時器，吊掛在站在廚房時與眼睛同高的牆壁上。

Chapter 2

跟日常用品好好相處的靈感

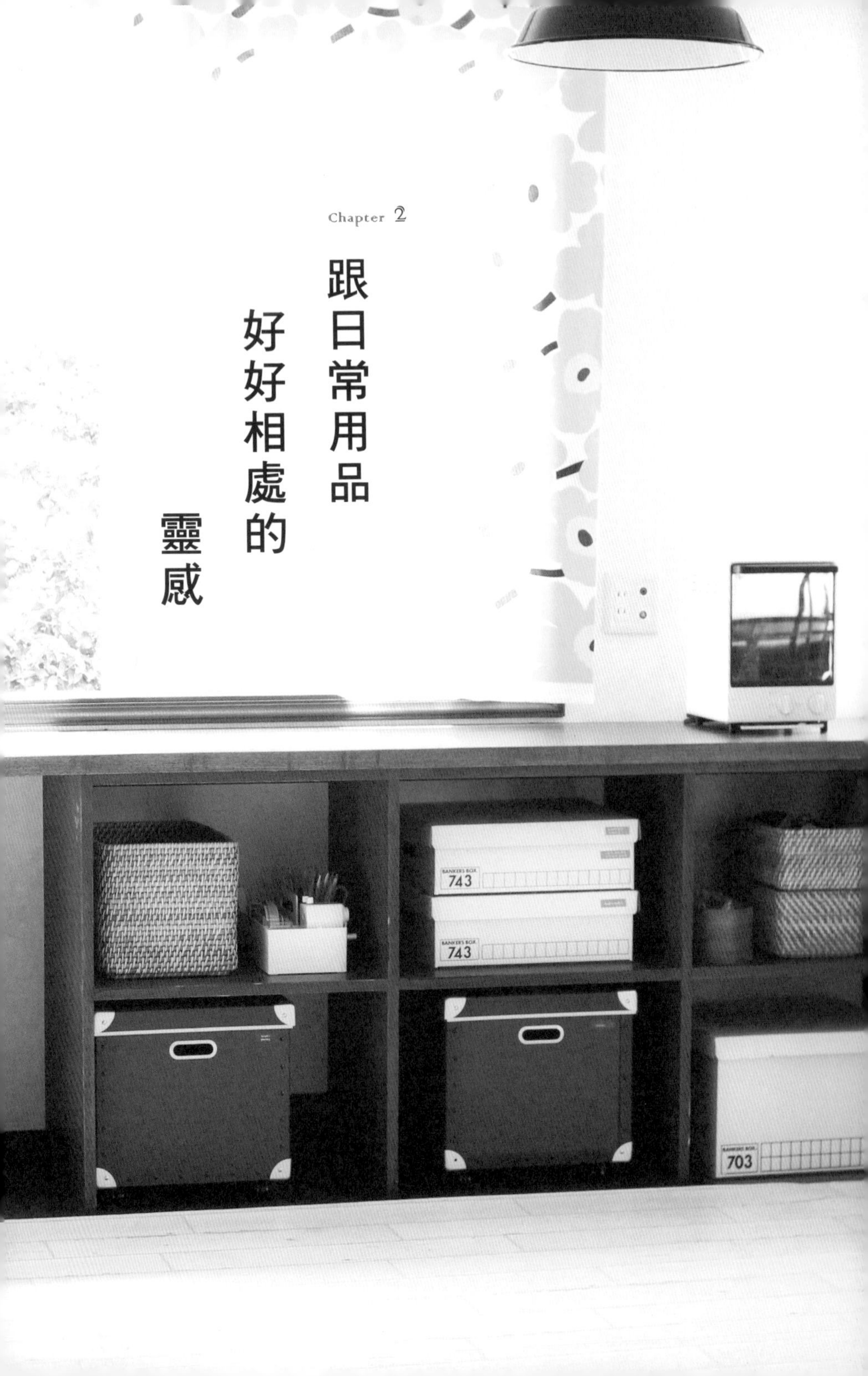

11

並非「丟棄物品」、而是「留下物品」

「丟棄物品」這件事其實很難真的下定決心執行。要是滿腦子都想著要把物品丟掉，只會讓自己感到痛苦，想著「雖然不是現在立刻就用得到，但還是不忍心丟」，結果只會讓處於灰色地帶的物品越積越多而已。

在這種時候，不如先拋開丟棄物品的念頭，試著讓自己站在「選擇那些物品該留下」的角度來看待事物吧！

「要把哪些東西留下來才好呢？留下來的必須是要我自己喜歡的才行、還有經常使用的也必須留著。哪些又是光看著就讓人覺得開心雀躍的東西呢？」

對我而言，尤其是在選擇廚房用品時，這個方法特別有效。舉例來說，「光是取用這個馬克杯就會湧現出幸福的感覺，所以必須留下來」；當家裡的麵包盤太

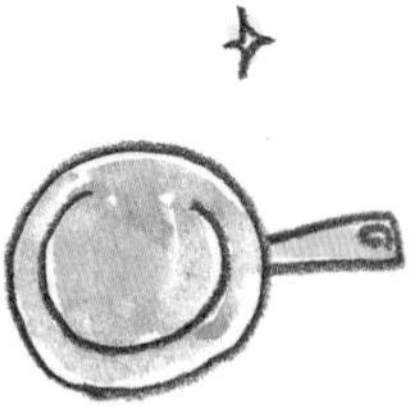

多了的時候，「丈夫很喜歡這個盤子、經常使用，所以必須留下來」，這麼一來，大部分平時沒有使用、總是被堆在最下方的杯盤，我就會選擇處理掉。鍋鏟我選擇留下的雖然很舊但使用頻率最高的那一個；而湯杓的部分，我選擇留下的是儘管使用起來缺點不少，但我總是會伸手取用、最愛的那支琺瑯湯杓。

雖然「丟棄物品」跟「留下物品」這兩件事乍看之下似乎是相同的，但其實在思考的本質上是完全不同的兩回事。藉由選擇該留下的物品，可以了解到自己真正喜歡的，從此以後也不會再重複購買不需要的東西。

「不管怎麼樣都想要留下這個」、「我被這個東西深深吸引的原因究竟是什麼呢？」藉著選擇的過程，也可以讓人好好面對眼前的物品，因此我非常喜歡這段做出選擇的時光。

12

認真注視那些被留下的物品

現在，呈現在你眼前的是從堆積如山的物品中被留下的重要物品。篩選物品的步驟結束後並不代表一切都解決了，而是從今以後要開始過全新生活的開端。

留在身邊的這些物品，全都是自己由衷喜歡的。每一次取用或穿上身的時候，自然而然會湧現出幸福的心情。舉例來說，在家時都一定會穿著的白色拖鞋就是最好的例子。偶爾照鏡子檢查自己是否有保持端正姿勢時，看見腳上拖鞋的皮革質感與簡潔外型，還是會忍不住讚嘆「真可愛」，為當下帶來好心情。

在工作的空檔啜飲紅茶，手裡捧著長年來愛用的杯具時，我也會細細端詳手中的杯子，「這是在AFTERNOON TEA購入的杯子呢，真想一直好好愛惜使用下去……」，我總忍不住這麼想。

當孩子的學校舉行參觀教學日，我也會帶著這雙拖鞋前往學校。白色跟任何衣服都能搭配，也是其優點之一。

在廚房做家事的時候，我也會一邊用手感受廚房抹布的舒適棉麻質地，一邊用來擦拭器皿。這麼一來，色彩鮮豔的北歐風抹布就能讓整個空間瞬間變得乾淨明亮了起來，自然讓人湧現出一股感激的心情。

我認為如果在生活中的每一個場景，都讓人能重新感受到「真好」、「真開心」的感覺，即使生活上發生了一些不愉快的事情，應該也能讓自己一直保有積極正面的心情吧！

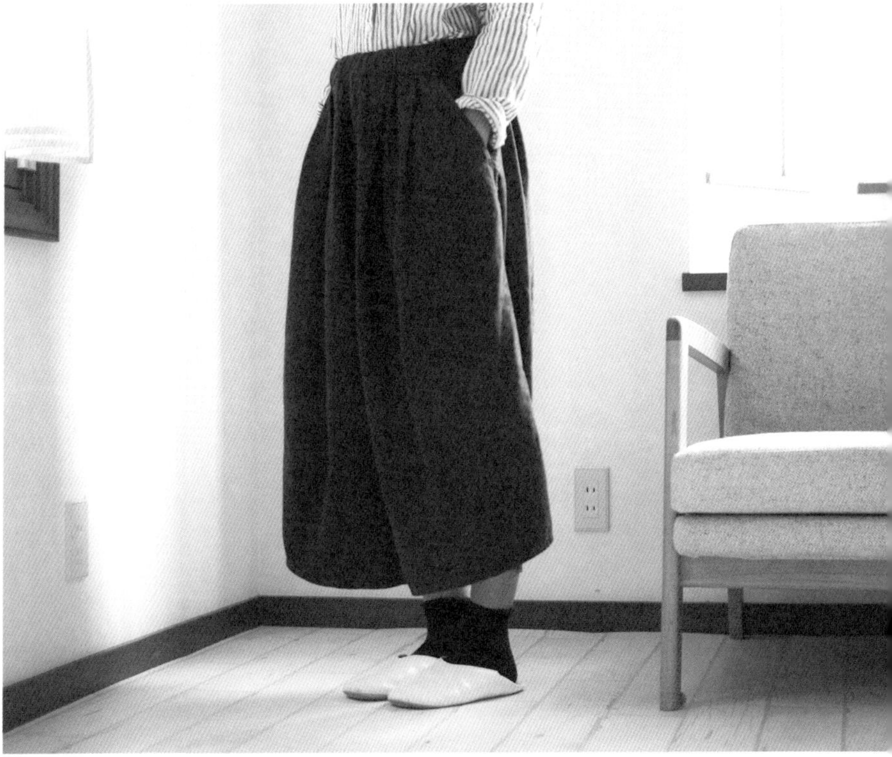

13 以穿著舒適度為優先考量

在我挑選衣服時的必備條件，就是一定要簡單，而且盡可能在一整年中都可以重複穿搭。此外，還有一個不可或缺的重點就是，穿起來絕對要舒服。盡量避免會讓身體感到拘束的款式，我喜歡穿起來略為寬鬆一點的衣服。

我常去的一間服飾店「BSHOP」，裡面的店員建議我：「衣服洗過之後會稍微縮水，選擇大一點的尺寸會比較好唷！」，從那之後，我便經常選擇大一號的衣服。

舉例來說，我很喜歡把一件MHL.的棉質上衣當作家居服來穿，那件其實是男生的尺寸。

當我在試穿女生尺寸的時候，覺得有點太合身了，穿起來並不是那麼舒適，心一橫就選擇了男生尺寸，事實證明這是正確的選擇。經過洗滌多次之後，有點縮水的大小變成了最符合我身形的尺寸。

儘管如此，太大的尺寸還是ＮＧ。即使是發熱衣之類的貼身衣物，我也會認真試穿，實際確認過穿起來的合身度與舒適感之後才會購入。

這件就是MHL.的男生尺寸棉質上衣，褲子我也故意不穿緊身款，而是選擇稍微寬鬆一點的線條。另外，我也不繫皮帶。

圍巾我選擇的是觸感柔軟的針織款式，屬於100%純棉質地，戴起來舒適又輕盈，即使是在夏天我也會使用。

中川政七商店「2&9」系列的襪子穿起來舒適不緊繃（我有2雙愛用中），在朋友的推薦之下，我購入了這種像手套一樣的兩趾襪。五趾襪穿起來感覺很麻煩，不過只有兩趾的話就很容易穿脫了。

14
喜歡的物品無需猶豫、直接重複購入

大約在5年前左右，我一看到「ORCIVAL」的條紋上衣便一見鍾情，就此一直愛穿到現在。穿上色彩鮮豔的藍色條紋，便能在瞬間將臉龐襯托得明亮了起來。上衣側邊還有設計多餘間隙，因此穿著時很方便活動，這點也令我滿意。

去年冬天，我不小心打翻了紅茶，在這件上衣的胸口處留下了明顯的痕跡，不得已只好傷心地丟了這件上衣，然後馬上第三度重複購入了同一款。是的，只要我真心喜歡的衣服，我就會毫不猶豫地直接重複購入。

而販售那件衣服的店家也是我的愛店，我已經不知道去逛了多少次。我最喜歡的店就是下列這5間。

1 BSHOP（這是一間服飾選物店，蒐羅了多種設計簡潔、不會讓人厭倦的經典款服飾）

2 無印良品（當我在挑選物品感到迷惘時，我就會選擇無印良品的商品，是一間令人感到安心的店）

3 中川政七商店（蒐集了從日本各地精選各種道具的選物店，販售許多非常精美的日式雜貨與日用品）

4 ACTUS（以北歐為主進口各式家具與雜貨，能創造出感覺放鬆的舒適空間，是一間令人印象深刻的家飾店。）

5 Momo Natural（販售設計簡潔又充滿自然氣息的家具，我們家的沙發與椅子都是在這裡購入）

雖然我經常上網瀏覽「無印良品」的網路商店，不過每當我看到中意的商品時，卻不會選擇直接配送到府的服務，而是選擇「前往實體店面取貨」。如此一來不僅不必付運費，還能直接在店裡檢視實際商品，如果遇到實品跟我想像中有所出入的時候，就可以直接在現場退貨，非常方便。

我們家的重複購買清單

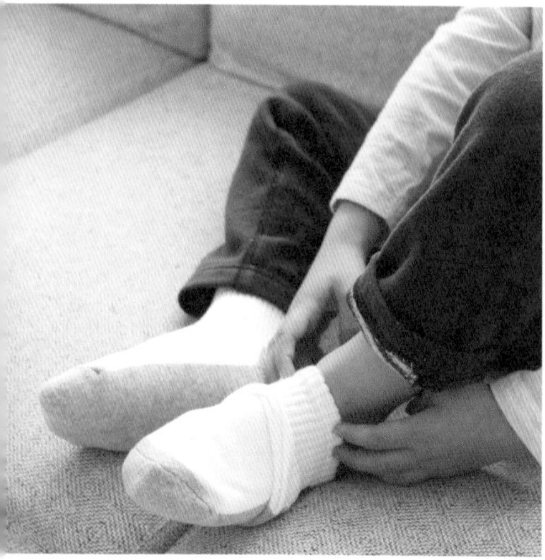

孩子穿的踝襪（POLO），強韌穩固的材質可以穿很久。即使是年僅4歲的次男也可以很輕鬆地穿著。

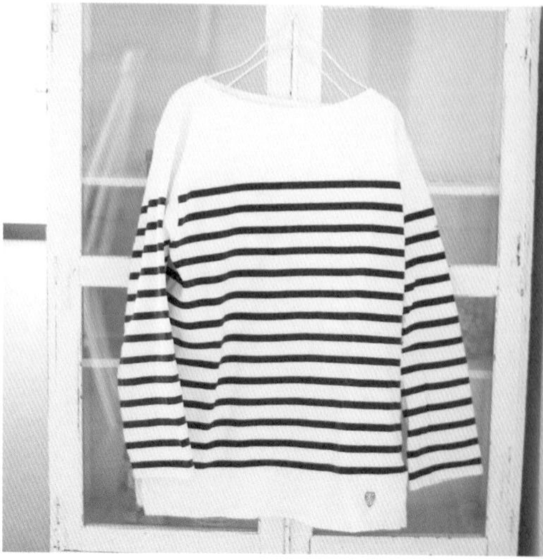

「ORCIVAL」的條紋上衣。我每次都是選擇同款藍色、同款剪裁，袖長大約是八分袖。

防曬乳我特別喜歡「erbaviva」的「children sunscreen」（SPF30 PA+）屬於異位性皮膚炎體質的小孩也可以安心使用。親子皆可使用。

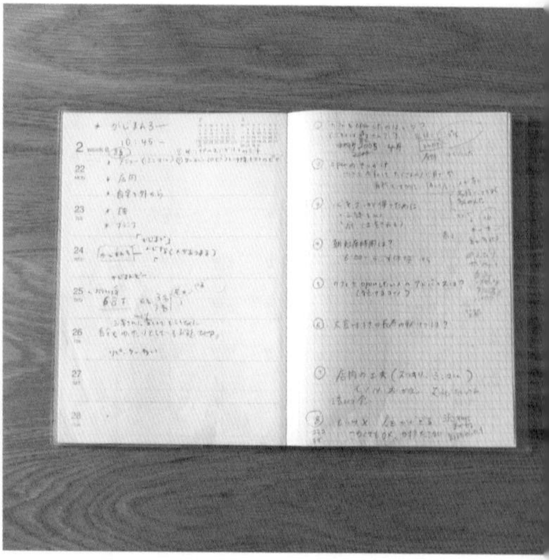

無印良品的行事曆。由於留白的空間很多，除了每日行程之外、還可以記錄許多其他事項，這點令我很滿意。

嚕嚕米的玻璃杯（ARABIA）。以前曾經不小心摔破了一個，但我還是很喜歡，於是決定重複購入。

John Master Organics的純淨護唇膏質地柔軟、容易延展於唇部肌膚，我已經陸續回購四次了。

「HARMONIE VERTE」的廚房清潔劑。散發出些微清香，讓人感到心情舒暢。即使是屬於敏感肌的我，使用起來也不會造成手部肌膚乾荒。可以用來清洗碗盤與水槽。

紅茶我特別喜歡「AFTERNOON TEA」推出的「原創下午茶」，晚上則會選擇沖泡「Caffeine Less Earl Grey」。

15 在家裡不放多餘的物品

前往花店

照理來說，只要不往家裡再擺放新的物品，就可以一直讓房子維持在物品量很少的狀態，打造出簡潔俐落的環境……，對一般人來說這或許是連想都不用想、理所當然的道理。可是，我非常喜歡各式各樣的物品，而且更愛去逛家飾店。只要在店裡發現了精緻漂亮的雜貨，就常會忍不住衝動購入。為了設法解決這樣的衝動購物行為，我開始前往花店。

每個月我會前往家附近的花店2~3次，購買裝飾客廳與廚房的鮮花。我會購買大約500日圓左右、剛好可以放入小小玻璃花器裡的鮮花，不會太大也不會太小的尺寸讓我很滿意。

每年一到春天，我就會製作含羞草的乾燥花。只要做成乾燥花，含羞草原本鮮豔的黃色便會逐漸褪成比較低調偏暗的色彩，我非常喜歡這種感覺。

這些花束是我送給自己的禮物。若是將鮮花當作居家布置的重點，說來不可思議的是，這麼做之後就再也不會有衝動想要添購新的物品了。

欣賞完鮮花後，還可以直接將花材原封不動地製作成乾燥花。春季可以選擇含羞草、夏季是繡球花、秋季到冬季則是玫瑰或尤加利等等。只要將花材枝梗尾端用繩子綁起來，倒吊掛著就可以了。

如果想要製作出色彩鮮豔的乾燥花，那麼一開始就不要將鮮花放入花瓶裡，買回家後直接將鮮花倒吊掛起，就能維持鮮豔的色彩囉！

紙類刊物閱讀內容後就要直接回收

一不小心就會越來越多的紙類，一定要有意識地勤於整理回收，關於這點我有切身之痛。因為當孩子上了幼稚園或小學，幾乎每天都會拿紙類刊物回家，尤其是我家有3個小孩，等於會拿到3倍的紙量。當紙類刊物從書包裡拿出來的那一刻，就要立刻閱讀內容，如果是重要文件就收進小孩專用的資料夾裡，若是學校重要活動的日程表或澆花值日表之類的通知，當下就直接寫進行事曆裡記錄下來。只要確實將上面刊載的資訊消化吸收之後，紙類刊物的任務就結束了，接下來只要直接放入回收桶裡就好。如果是孩子從學校拿回來的考卷等，我會先問過孩子是否想要保留下來，再做處理。

讓紙箱止步於玄關

為了使家裡不囤積多餘物品，讓物品止步於玄關也是一個很有效的方法。只要一從配送人員的手中領取到從老家寄來的包裹、或是網路購物的紙箱等等，就直接在玄關拆封。在玄關的櫃子裡我也準備了剪刀以備不時之需。只從紙箱中取出需要的物品，包裝紙與明細表等雜物直接丟入垃圾桶，最後將紙箱摺疊收好，等到紙類回收的日子再一次拿出去處理。

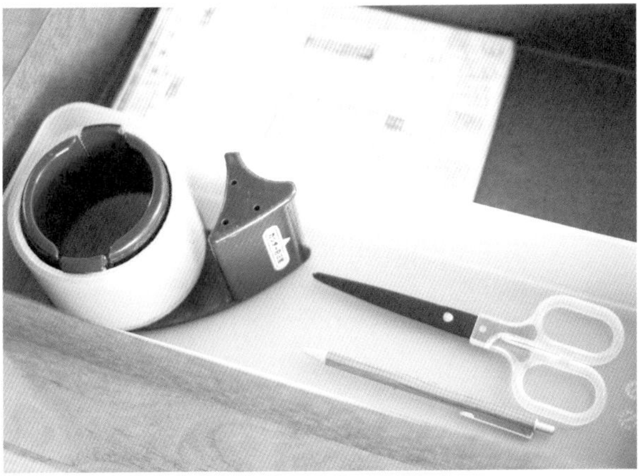

這是我在玄關放置的小工具箱，裡面放有剪刀、筆、膠帶、宅急便的單據等，需要的物品全部都放在同一處。

16 讓物品循環再利用

只要是別人送的東西，以前我總是會考慮到對方的感受，不會輕易轉手或扔掉。不過，要是沒有好好靈活運用的話，感覺上對於那項物品也會有點抱歉，若是周遭有比自己更適合使用的人，還是盡量早點趁著東西還新的時候轉手給對方會比較好。我最近開始出現這樣的想法，也就是「讓物品循環再利用」。

當別人送禮時，我會抱著「謝謝你特地送給我」的感恩心情收下。既然已經收下了，那項物品就可以隨我自由運用了。如果是我很喜歡的物品，我就會開開心心地好好使用，要是我覺得用不到的話，我便會轉手給有需要的人，或是拿去二手商店讓物品可以循環再利用。

在每天一成不變的日常生活中，很容易在沒注意到的時候讓物品閒置一旁、日復一日累積堆放。我希望能時時用心維持一個通風良好的環境，讓物品與心靈都能獲得解放。

當我住在美國時，我注意到一件事，那就是「美國人不像日本人一樣擁有那麼多物品」。剛開始我以為「美國的房子那麼大，裡面堆積的東西一定很多」，可是，無論我拜訪哪一戶人家，房子裡的東西都比我想像的少，而且都收拾得整整齊齊。當然，我想即使是美國人應該也因人而異，也許有些人家裡的東西也不少吧。不過，在我周遭的人們幾乎都是過著簡單輕鬆的生活。

跟我身旁的美國人比起來，當時我家的東西非常多，多到我根本不好意思招待客人來家裡玩。這不禁讓我重新思考了日本人的特質。秉持著「不想浪費」的精神，珍惜每一個物品的想法雖然非常值得嘉獎，但是這麼一來，一不小心就會使自己不需要的東西漸漸堆積如山……。

在我周遭的美國人，每個人都是在生活中秉持著讓物品循環再利用的想法，自然而然地不囤積物品。因為他們的個人喜好（YES／NO）黑白分明，當然也就擅長以「喜歡」、「不喜歡」為基準劃分物品。

只要是自己喜歡的物品就會好好珍惜使用，不喜歡或是不需要的物品，每個家庭都會藉由「車庫拍賣（或院子拍賣）」的方式處理掉。當我住在美國的那段日子，每到週末我都一定會在附近的人家看到「車庫拍賣」的告示呢！

把不需要的物品處理掉的時候，不僅可以減少手邊累積的物品，還能額外獲得一點小小收入，這點也很令人高興。另一方面，買家也能找到自己喜歡的物品，以便宜的價格入手想要的東西，當然也會感到滿意。如此一來，就能讓物品時時處於幸福的循環之中。

雖然在日本很難舉行車庫拍賣這類的活動，不過，也可以利用跳蚤市場、二手商店、或是網路拍賣等管道，讓物品獲得循環再利用的機會。

17

一年騰出2次時間，定期重新檢視家中物品

在我們家，每逢到了迎接新生活的春季3月、以及能感受到涼風吹拂的秋季10月，這兩個月份就是固定「檢視家中物品」的時刻。每年購入新的行事曆時，我總是會在3月及10月的頁面先寫上「檢視家中物品之月」。

到了3月，隨著氣溫慢慢升高，將冬季衣物收納起來的同時，也要徹底檢視接下來春季要穿的衣物。隨後到了秋季，感覺差不多該換上長袖的時節，也是一個檢視衣物的絕佳時機。

跟我自己的衣物比起來，整理孩子們的衣物更是累人。每天都會出去玩的3個孩子，擁有的衣物是我的兩倍以上。在整理孩子們衣物的時候，首先要請他們試穿每一件衣服（或者是從背後比比看衣服的大小），感覺似乎變緊的衣服，就先

放到一旁的籃子裡。由於孩子還會漸漸長大，因此我只會將感覺還算寬鬆的衣物留下。當籃子裡的衣物越積越多時，我就會把這些衣物轉送給年紀較小的姪子姪女們，或者是拿到附近的二手商店處理。如果衣服上沾有嚴重的污漬、或是明顯的破損，我會直接將衣服剪開來，在打掃家裡時便能派上用場。

除了衣服之外的物品，例如廚房調味料或儲備糧食等，我也會在此時重新檢視一遍。這些食品有可能會在不知不覺中囤積得越來越多，因此必須重新確認保存期限與食用頻率，太舊的品項就必須趁這個時候處理掉。

我們家並不會在年底進行大掃除，而是習慣舉行春季大掃除。當我居住在夏威夷與加州時，到了年底12月一想到「必須得大掃除才行」、內心感到焦躁不安的當下，美國人朋友卻問我：「為什麼要在這麼冷的時候大掃除呢？在美國或歐洲，大家都是等到氣溫回暖的春季才大掃除的唷！」的確，在氣候溫暖的春季大掃除，即使是在進行擦拭等寒冷天氣會覺得很難受的工作，在春季就能心情愉快地打掃。

從那之後，無論是檢視家中物品的時間、或是一年一度的大掃除，我們家都是走美國的方式，避開寒冷的冬季，在舒適愉快的季節裡進行。

18

特別喜歡的物品就留到最後再處理吧！

有一位閱讀了我前一本著書《ミニマルに暮らす with 無印良品》（無印良品極簡生活提案）的朋友，向我傾訴她的煩惱。自從她看過這本書之後，便下定決心「我也要展開最小化的簡單生活！」。首先，她決定先從玄關開始好好整頓家裡，沒想到才剛開始收拾鞋子就遭遇到了挫折。原來是因為她非常喜歡流行時尚，尤其對鞋子又特別講究，加上反覆修繕的舊鞋，已經數不清擁有多少雙鞋子。

若是從自己非常喜歡的物品開始減量，是一件非常困難的事。於是我對她說：「先別管鞋子了，如果不要從玄關開始、而是從平時不太會注意到的區域開始怎麼樣

呢？」結果，她表示雖然整理的進度緩慢，不過也順利地將客廳收拾得煥然一新了。我聽了之後也覺得非常開心。

就像這樣，我建議大家在剛開始整理家裡時，先別管自己最喜歡的區域，把困難的工作留到最後再做就行了。我認為可以先從平時不太關心、但是物品堆積如山的區域開始著手進行會比較好。

舉我自己為例，我是從玄關開始整理的。不過，我想應該也有些人比較適合從廚房開始收拾，也許也有人從衣服開始整理相形之下會比較輕鬆也不一定。或是從抽屜這種小範圍開始整理，也是不錯的主意。一旦開啟了整理收納的引擎開關，就可以慢慢地讓家裡的物品越來越少，因此，請大家先找出家中最容易減量的區域吧！

最後，整理到自己最喜歡的物品品項時，我認為稍微睜一隻眼、閉一隻眼也無妨。因為當你整理完其他區域之後，輪到喜歡的物品時，心裡也能理智地判斷出「對自己而言最適合的量」了。

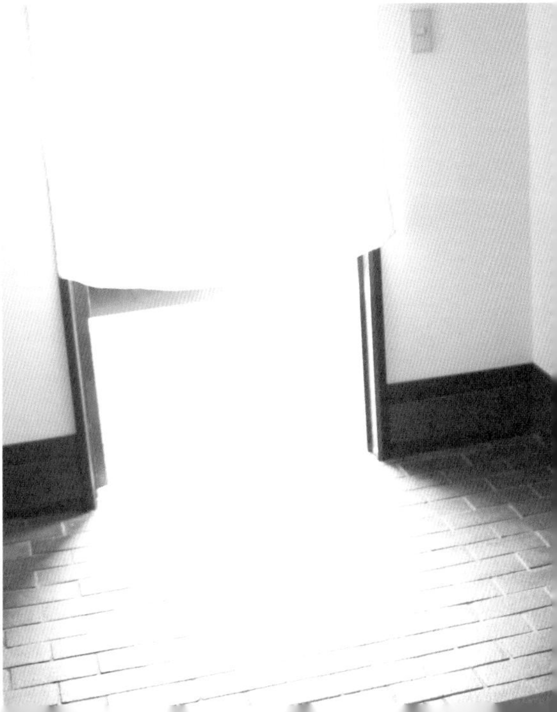

一旦要開始減量家中的物品，最好要先從感覺起來比較容易的區域開始著手，要是感到「似乎頗有難度呢……」，建議大家可以果斷地換一個區域、或者是縮小整理的範圍試試看！

向值得仿效的人請益 ②

僅用一個後背包的物品就能生活下去的靈感

Nathan・知惠子（現居夏威夷）

Nathan・知惠子小姐

我們家以前住在夏威夷的時候，認識了在大自然中享受著簡約生活的知惠子。她與美國猶太人丈夫及女兒3人，以極少量的物品過著簡約生活，每到週末就帶著便當前往拉尼凱海灘（Lanikai Beach）度過悠閒的時光。而當時的我尚被許多物品包圍得團團轉，看到知惠子幸福的簡約生活型態，對我造成了非常大的衝擊。

知惠子一家人每年夏天都會花上2個月的時間，前往加州山區露營。隨身攜帶的行李只有最小限度的必需物品而已。

一切都以在山巒疊嶂的山區中行

PROFILE

出生於大分縣，生長於大阪府。跟著喜愛戶外活動的父親，從小就對露營生活並不陌生。現在與身為心理學者的丈夫與9歲的女兒3人居住於夏威夷歐胡島，在夏威夷生活了15年。由於受到丈夫的影響，手邊的物品逐年減少，如今身邊只有真的不可或缺的必需物品，享受著極為簡約的生活。她與住在當地的日本人母親，一個月會一起舉辦2～3次體驗日本文化的工作坊。

動自如為第一考量，因此他們隨身攜帶的行李只有各自背負的一個後背包而已。

究竟這個後背包裡裝著什麼呢？

首先，她決定衣服類只放3件，分別是2件上衣與1件刷毛外套；而褲子只帶1條長褲與1條短褲而已。露營時要洗衣服的時候，就從河川或湖泊汲水回到露營地點，簡單地洗去污垢而已，不會特地使用洗衣精。由於幾乎每天都會洗衣服，因此衣服都是選擇易乾的聚酯纖維材質。

三餐則是以水果乾與核果類為主，配上淋上熱水加熱後就能簡單

19

了解對自己而言什麼是真正的必需品

在這個後背包裡，裝著2個月的生活中必備的所有物品。只帶著最小限度的必需品投身於大自然中，感覺自己與大自然完全融為一體，全身上下都充滿了自由的氣息。這種感覺就好像是整個人脫胎換骨般地妙不可言。

食用的麥片、或是白飯與營養穀片等等。而餐具只有一個大碗、湯匙與叉子而已，她選擇的是輕便又耐用的鈦製餐具。接著每2週會到山腳下的街道購買食材，在小小的寄宿處淋浴，讓自己重整精神、重新出發。

知惠子表示：「在日常生活中，心裡難免會產生些許煩躁不安的感受，或是有些想不開的事情讓腦袋打結。此外，平時媒體所發出的過多資訊，就算已經盡量提醒自己不要接收多餘的訊息，但還是不免會受到影響。這時候，只要讓自己置身於大自然之中，所有的一切就能

20
藉由書寫讓自己與周圍親友心靈更豐富

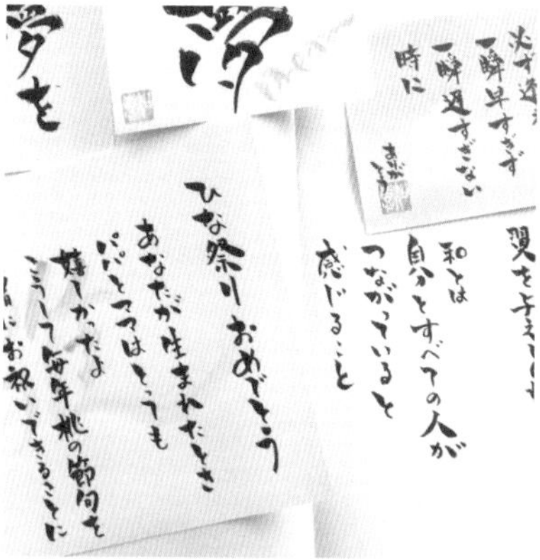

她送給家人與好友的卡片上，全部都是她親手書寫的文字。有時也會寫上在夏威夷語中她特別喜歡的諺語。

大約從5年前開始書寫「新月筆記」。她習慣在每個月的初一那天，在這本筆記本中寫下10個左右的願望。

回歸到原點，感覺無論是身心都變得更輕盈了。」

當人身處在大自然中，便會感受到許許多多不同以往的思緒。每當知惠子心裡產生了什麼念頭，她就會在筆記本中紀錄下來。因此就算是在必須盡量減少隨身物品的露營時刻，筆記本與筆總還是知惠子隨身攜帶的必備物品之一。

打從一出生就持續過著露營生活的女兒Jasmine，現在就讀小學4年級。在如此美好的大自然環境中長大的她，以後究竟會成為一個多麼美好的大人呢？我也在一旁默默守護著她的成長。

21

讓自己貼近大自然，察覺到近在身邊的幸福

摘下庭院中盛開的花朵，讓花朵漂浮在裝了水的花器中。只要花一點點心思就能近距離欣賞到一年四季不同的植物樣貌。

試著對每一件小事都懷抱著感激的心情，就能放下對事物的執念，自然而然可以過著簡約的生活。對丈夫為自己做的每一件事心存感謝，孩子健康地度過每一天、愛貓一直陪伴在自己的身邊也都非常值得感謝。隨時抱持著感恩的心態，呼吸自然而然會變得比較平穩，心靈也會跟著安定下來。

22
在飲食中攝取生食

週末的早晨就由綠色果昔來揭開序幕。這天是利用鳳梨、蘋果、薄荷、羽衣甘藍打成果昔，有時候也會加入香蕉等水果。

她最拿手的生機沙拉醬是使用生腰果所製成，其餘材料則利用手邊現有的食材混搭。

生機沙拉醬
（腰果美乃滋）
作法

＊如果無法取得生腰果的話，利用原味烘烤腰果也能做出很美味的沙拉醬。不加洋蔥粉與大蒜粉也無妨。

食材（約250ml）
生腰果＊…2/3杯
檸檬汁…1大匙
蘋果醋…1大匙
鹽…1/2小匙
水…1/4杯
洋蔥粉…1/2小匙
大蒜粉…1/2小匙
橄欖油…1.5大匙

作法

1 將生腰果浸泡於水中2～3小時（如此一來原本處於休眠狀態的腰果又會重新復活）。

2 將1的水分濾乾，與其餘所有的材料全部放入食物調理機中，攪拌至沙拉醬呈現滑順狀態。

Chapter 3

與家人過著安心舒適生活的靈感

23

唯有客廳一定要隨時保持整潔清爽

因為我們家是5人家庭，就算再怎麼減少每個人的物品，全部加起來還是會很多。而且，要讓整個家都變得簡潔俐落，難度實在太高了，因此，可以先從決定「只有某處一定要隨時保持整潔清爽」開始做起。而我們家所決定的地點，就是全家人都會聚在一起的客廳。

我並不是希望所有的房間都能擺放數量平均的物品，而是想要讓全家人都會聚在一起的客廳，變成一個能夠讓人心情放鬆舒適的空間。因此在客廳盡量不擺放私人物品，裝飾品也只要一點點就好。色調則統一為灰色與白色等讓人心情能沉澱下來的色彩。這些都是全家人一起溝通協調過後，決定出的規則。

客廳採用的基本色調是介於白色與黑色中間的灰色。原本表面為黑色皮革的沙發，我利用在BELLE MAISON購買的明亮灰色沙發套覆蓋在黑色皮革之上。牆壁上的海報，則是snug.studio的月曆。

女兒對我說：「就算同時招待很多位朋友來家裡，還是能保持放鬆舒適的心情跟大家一起玩，真的很棒呢！」我自己也是一樣，只要置身於整潔清爽的空間當中，心情上也會變得更輕盈，因此在白天的時候我都會拿著筆記型電腦到客廳工作、喝茶。客廳可說是我家的活力泉源也不為過呢！

而不可思議的是，當家裡只要有一個空間變得簡約清爽，這種氛圍也會慢慢擴散到其他的房間。從客廳擴散到玄關、又到廚房、寢室等等……，於是我們家便一點一滴地變得越來越舒適了。

就像這樣，只要從一個小小的空間開始執行，隨時都能開啟簡約空間的擴散法則。無論是玄關的水泥地、或是廁所都可以，先將一個小區域整理得簡約清爽吧！請大家務必要試試看。

原本是深棕色地板的餐廳，鋪上了白色的地墊，光是這樣就能讓餐廳一舉變身為明亮的空間。餐桌我選擇的是無印良品的無垢材餐桌，窗邊則掛上了母親親手縫製的亞麻材質窗簾。

24

讓孩子也親身體驗到「家裡乾淨整齊的感覺好舒服」

要讓家裡隨時保持整齊清潔的環境，需要全家人的配合與幫忙。但是，家裡一旦有三個小孩，每天尤其是到了傍晚，整個客廳都充滿了孩子們在學校用的教科書、作業簿、文具、念書時需要用到的物品等等，往往散亂地堆得到處都是。

我仔細想了想該怎麼做比較好之後，決定試著在每天睡覺前進行一個睡前儀式，也就是「與孩子們一起將客廳還原成原本的模樣」。如果只有我一個人忙著把物品擺回原本的位置，需要花上許多時間，但如果是請孩子們一起幫忙的話，只要短短幾分鐘就收拾完了。

然後到了隔天早晨，當孩子睡醒後進入客廳時，我就會告訴他們：「你們看，就是因為昨天晚上大家努力整理了客廳，現在客廳看起來才這麼乾淨整齊，感覺真舒服呢！」如果只是強制性地跟孩子說：「快去收拾乾淨」，孩子們不會真的起身去收拾，我認為還是必須要讓他們多多親身感受到「收拾乾淨的感覺真舒服！」才能達到效果。

自從長男和長女都上了小學之後，我們也會一起打掃玄關。打開玄關大門後，用掃把清掃玄關地板，再把鞋子都排列整齊，等到打掃的工作都完成之後，我會以最發自內心的態度極力感謝他們：「謝謝你們把玄關打掃得這麼乾淨整齊！」這麼一來，孩子們的神情就會散發出光彩，有時候還會接著問我：「還有沒有哪裡要打掃的呢？」因此，我認為這不光是打掃玄關而已，而是一種讓大人與小孩彼此都能感到心情愉快的掃除習慣。

將掃把和畚斗直接放在玄關處，如此一來只要察覺到髒亂就可以立刻清掃。

25 讓孩子拿取、放回都方便的收納方式

我們家會變凌亂的原因，大概有9成都是因為孩子們拿進拿出的物品隨意堆放所致。也就是說，如果孩子們可以將自己的物品確實收好的話，我們家的整理工作應該就可以變得很輕鬆。

對此我所想到的對策是「考量孩子們的實際動線」。孩子們從學校回到家一進入玄關，眼前就正對著櫃子。於是我在那裡放置了3個籃子（每個孩子各有自己專屬的籃子），他們就可以將書包或背包直接放進籃子裡。若是從學校回家後沒有要直接寫作業的話，書包就不必背進客廳，可以先放在玄關處的籃子裡面。就連今年春天剛上幼稚園的次男，現在每天回家後，也會自動將背包放進自己的籃子裡，好像是因為「擁有專屬於自己的收納空間」，孩子們都感到很開心。

放置在玄關入口處的櫃子，大部分都是收納出外時會用到的東西。孩子們的書包、以及去上幼稚園用的背包，都放在每個人自己專屬的籃子裡。從左開始是次男、長女、長男專用的籃子。順帶一提，他們最近每天都會玩跳繩。

Fellowes
BANKERS BOX
703
Fellowes
BANKERS BOX
703
Fellowes
BANKERS BOX
703
Babolat

由於孩子們回家後通常都會直接去公園玩，在公園裡會用到的跳繩、棒球手套、足球等玩具，都一起收納在書包置物籃的附近。我特地為了孩子騰出了比較低的位置放置這些物品，才能使孩子們更方便地拿取及收納。

此外，在客廳的矮桌下方放有3個孩子的玩具箱（每個孩子都有自己專屬的玩具箱），可是，每當有人拿取自己的玩具時，玩具箱總會從桌子底下跑出來，很難讓3個箱子都好好維持在桌子底下……，這讓我覺得有點不太順眼。因此，我利用長尾夾將3個玩具箱連接在一起並固定住，這麼一來，玩具箱好好歸回原位的頻率便大幅提升了。

另一方面，像是剪刀與藥品等全家人共用的物品，在收納時也必須考慮到「讓孩子也能充分理解」，再決定要將這些物品放在何處。當然，對大人來說也要容易取用、收納，才能確保這些物品能物歸原位。於是，我在櫃子上貼上紙膠帶作為標籤，只要一眼就能看到物品置放於何處，這麼做非常有效。還有，不要像是在拼拼圖一樣把東西塞滿滿，而是以寬鬆一點的方式收納物品，也是關鍵之一。

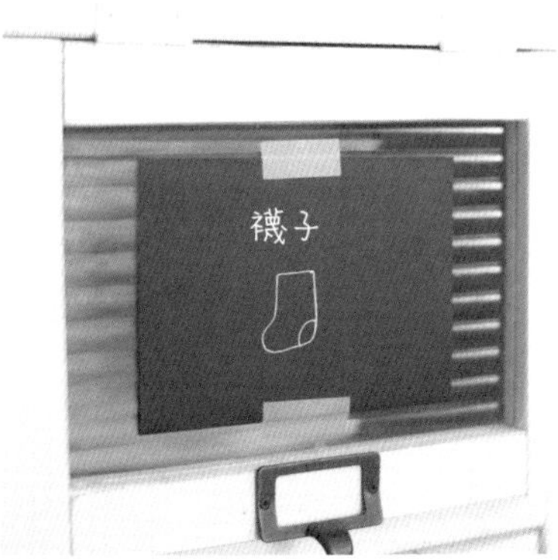

次男的衣服收納櫃表面，我會貼上標明了內容物的標籤，這麼一來他就可以自己拿取、收納衣物。

在客廳裡的3個玩具箱，是以這樣的方式利用長尾夾將玩具箱固定好。

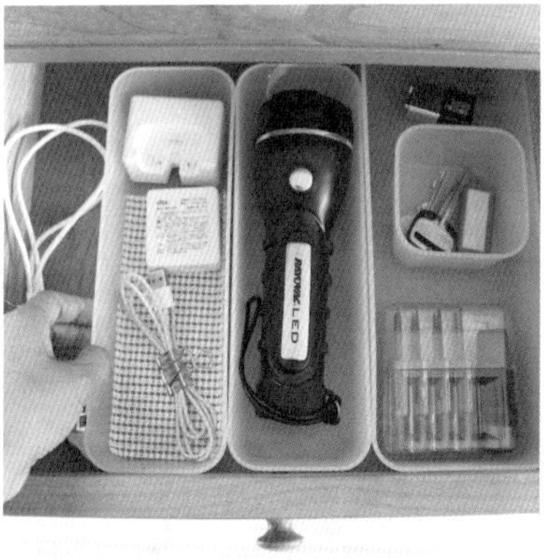

抽屜裡面則是利用無印良品的收納盒來做區分，預防物品被雜亂堆放。事先規定好每一個收納盒裡只能放入同種類的物品，這麼一來不僅很容易拿取、收納也很方便。

我們家客廳與廚房的所有收納櫃抽屜上，都貼有標籤。在紙膠帶上面寫清楚抽屜裡放置的物品，貼在抽屜表面。

26

打造出一個讓物品能夠順暢流通的機制

在日復一日的生活中，家裡的物品難免會逐漸累積增多。我試過好幾種方法想要解決這些越來越多的物品，發現最有效的方法就是有意識地「打造出一個讓物品能夠順暢流通的機制」。我們家的方法有下列這5項。

1　全家人一起前往二手商店

每到週末，我們全家人就會一起前往二手商店。不僅是販售家中不需要的物品而已，我們也會站在店裡仔細端詳其他還販售些什麼樣的商品，光是這樣就能激發出「原來我們家中的那個東西也可以拿來這裡賣！」的靈感。

2 要是衣服弄髒得太離譜，脫下來的時候就直接先交給媽媽

我平時都叮嚀孩子，如果遇到「褲子破洞了」、「衣服上沾到了洗也洗不掉的污漬」、「衣物太緊、穿起來很不舒服」這些情況，把衣服脫下來的時候不要置之不理，而是要立刻拿到媽媽這邊來。多虧了這個方法，我不需要一件件檢查衣服，也能輕鬆做好管理孩子衣物的工作。此外，我也希望能藉由這個機會，養成

孩子們已經穿不下的衣物，我會全部收納在同一個籃子裡。若是衣物的狀態還很好，就可以送去給更小的姪子姪女，或者是拿去二手商店，為它們尋找下一個主人。

孩子們可以自行判斷衣服是否還能繼續穿著的能力。

而對於今年升上5年級的長男，我更直接告訴他：「如果衣服已經變得太髒、或是破洞了，你覺得已經不能再繼續穿了的話，你也可以自行處理那件衣服喔！」

3　讓孩子對於讓出物品這件事產生「開心」的感覺

我的哥哥與妹妹兩家人都住在山形縣，光是姪子姪女就有6名，因此我每年都會前往山形1、2次，把我們家孩子已經穿不下的衣物、或是用不到玩具送給他們。我的姪子姪女們總是立刻就會穿上我們家孩子曾穿過的衣服，而我妹妹也會把孩子們開心玩耍的模樣上傳至Facebook等社群網站。這時候，我就會把這些照片給孩子們看，告訴他們「這麼做真是太好了呢！」

4　總是將搬家放在心上

由於丈夫工作上頻繁調職的緣故，我們家大概2~3年就會搬家。因此，每當在購買物品的時候，我都是以「適合每一種類型的房子」為標準來選購。無論是尺

寸與設計等，都必須是可以搭配每一種空間的簡單款式。此外，我也會定期檢視家中所有物品的總數量。站在「如果要搬家的話，我們家的物品可以輕鬆地打包裝箱嗎？」的角度來確認物品總量。總是將搬家這件事放在心上，就能有效讓家中的物品維持在最低限度狀態。

5 讓書與雜誌保持流通

我在山形娘家的媽媽每個月會過來我們家一次。由於我與媽媽的喜好相近，每當媽媽來到家裡的時候，總是很期待能閱讀我所購入的書與雜誌。如果媽媽有想要的書我就會直接轉送給她，據說當她拿回山形的家中仔細閱讀後，便會再轉送給親近的朋友們。我所喜歡的書可以像這樣一直轉手給各式各樣的人，不禁讓我感到小小的喜悅之情。

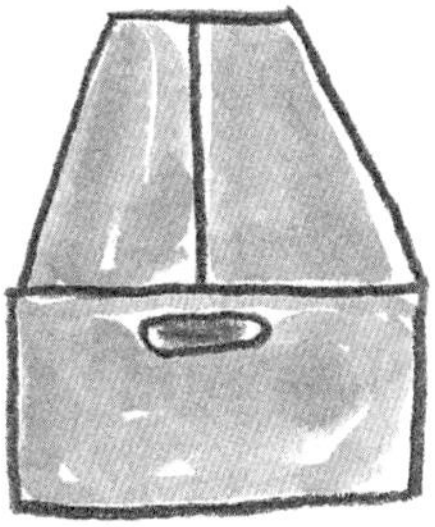

27 只準備最低限度的常備藥品

家裡還是必須準備一些常備藥品會比較安心。不過，我想盡量不要依賴藥物，而是以近在身邊的食材與天然的物品來調整出良好的身體狀態。因此，我也重新檢視了一遍我們家的常備藥品。

我們家的抽屜裡總是放有麥盧卡蜂蜜與梅肉精，來取代市售的感冒藥或腸胃藥。由於感冒初期是最關鍵的時刻，只要孩子一跟我說：「喉嚨有點痛」，我就會立刻遞給他們麥盧卡蜂蜜。只要喝下一小湯匙的麥盧卡蜂蜜，就好像施了魔法般，喉嚨便不再疼痛了。去年有一度流感疫情相當嚴重，長女的班上還因為流感而整年級停課，有將近一半的孩子都得了流感。或許是因為每天都吃麥盧卡蜂蜜（＋20）的緣故，長女並沒有受到感染，健康地度過了那次流感的侵襲。

剛好在那陣子，在山形娘家的大嫂與侄子們相繼感染了諾羅病毒，與他們同住的雙親很有可能也會被感染，不過，也許是他們每天都吃麥盧卡蜂蜜與梅肉精的關係，2人都沒有受到感染，健康地度過了那年冬天。

除此之外，我最近決定不再使用的藥物也包括了長男定期服用的類固醇。只要每到由冬入春之際，長男的眼睛周圍皮膚就會特別乾燥，原本在這種時候都必須依靠類固醇藥物來舒緩症狀。正當我想著，希望今年可以不依靠藥物就讓長男的情況好轉……，此時次男的背後長出了水痘。朋友告訴我：「喝薏仁茶對付水痘很有效」，於是我讓次男在補充水分時都以「薏仁茶」來取代水，同時全家人也都一起喝薏仁茶。有趣的是，次男的水痘還未見好轉之前，薏仁茶的功效竟在長男身上見效了。長男原本嚴重到會脫皮掉屑的眼周皮膚，才喝薏仁茶沒幾天便獲得了改善，持續飲用薏仁茶1週之後，即使不塗抹保濕劑也看起來與平常無異了。

據說薏仁茶對於改善成人的疣、斑點與雀斑也頗具功效，因此我自己也打算持續飲用薏仁茶。

我們家的發芽玄米飯帶有淡淡的薏仁茶香氣；當然，只用白米也可以煮出美味的炊飯。

炊飯鍋中放入3杯米，加入與平常一致的水量後，放入1包薏仁茶包（煮薏仁茶專用）與米飯一起炊煮。

雖然我並沒有特別執著的薏仁茶品牌，不過最近家裡喝的是「茶三代一」的島根縣產薏仁茶。

我會隨時將可以直接冷泡的薏仁茶包放在冷水壺內沖泡飲用。我們家向來愛用外型簡潔美觀又好用的無印良品「壓克力冷水筒」。

左頁**1**・**2**…圖為麥盧卡蜂蜜。從春到秋我們家習慣服用「＋15」，到了流感肆虐的冬季，家中備妥「＋20」才能令人感到安心。麥盧卡蜂蜜也有推出小包裝，如果要隨身攜帶的話比較推薦這一種。**3**…這是沖繩的友人推薦給我的漢麻籽油，每天只要攝取1大匙漢麻籽油，就能調整身體狀態。我購買的是Hemp Kitchen推出的「Organic HEMP SEED OIL」。**4**…圖為梅肉精。左側為錠狀，旅行的時候我會隨身攜帶這款梅肉精錠。孩子們則是覺得梅肉精錠沒有酸味，比較容易服用。右側的糊狀梅肉精，我會泡在熱開水中飲用。當腸胃不太舒服的時候，只要服用梅肉精就可以讓症狀舒緩下來。

我們家的醫藥箱放在客廳的抽屜裡，裡面裝有藥品、體溫計、棉花棒等必需品。

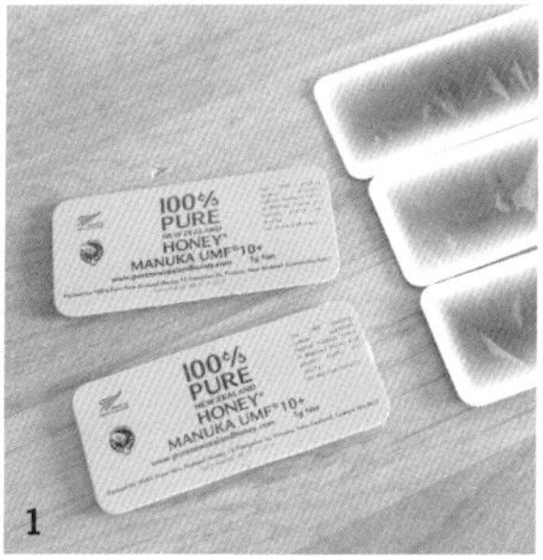

1

2

3

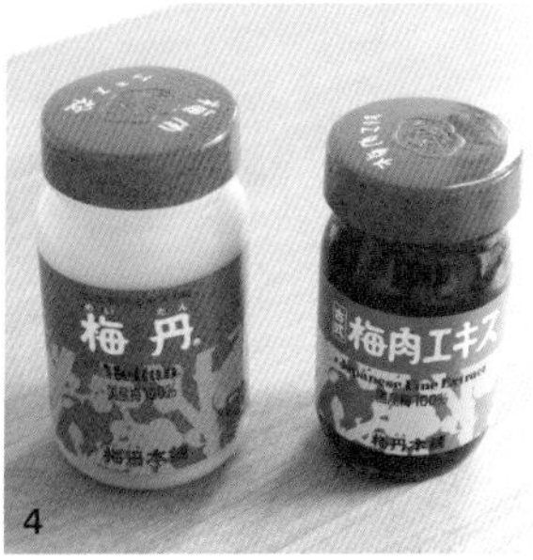

4

28

每日攝取堅果類與乾燥水果

當我居住在夏威夷與加州的那段日子，我幾乎每天都會去一個地方報到，那就是當地的有機超市「Whole Foods Market」。這間超市主要販售自然食品、有機商品等，在當地非常受到歡迎。

在那間超市裡，我最喜歡逛的就是量販堅果類與乾燥水果的區域。光是陳列架上的堅果類就多達10種以上，就算只是看看也會讓人覺得心情愉快。現在在日本也很風行的果昔與排毒水，其發源地正是美國西岸。我發現，居住在當地的人們平日不但習慣攝取新鮮的蔬菜與水果，更會頻繁地品嚐堅果類與乾燥水果，經常可以看到當地的孩子們，手裡拿著裝在保鮮袋裡的杏仁、蔓越莓乾、葡萄乾，當作零食大口享用。

儘管親手製作的點心也很不錯，不過在時間緊迫來不及做的時候，我們家也會把堅果類與乾燥水果直接給孩子們當作零食。雖然簡單、攝取到的營養卻相當豐富。我平時都把杏仁與蔓越莓乾放在靠近餐桌的位置，當家人覺得有點餓的時候就可以隨手拿來吃。

能發揮食材原汁原味的
簡單料理

把冰箱剩下的蔬菜全部都放進同1個鍋子裡熬煮成湯。由於添加了各式各樣的蔬菜，味道會更迷人有深度，我通常會利用這1鍋作成咖哩或是奶油白醬蔬菜。

在湯裡放入番茄（切成方塊狀的生番茄、或是番茄罐頭），就會變成番茄湯頭。當天先直接享用一半的番茄湯，另外一半則放入罐中保存，隔天再放入咖哩塊熬煮，就能品嚐到番茄咖哩；我們全家人都很喜歡這道番茄咖哩。

烤蔬菜是我很常做的拿手料理。將蔬菜排列於耐熱器皿上，撒上鹽、胡椒、橄欖油，以200℃的烤箱烤25分鐘左右。這款野田琺瑯的烤盤可以直接端到餐桌上，非常好用。

這道烤馬鈴薯片我會作為點心給家人享用。將馬鈴薯切成薄片，平鋪於烤盤上再撒鹽，以250℃的烤箱烤10～15分鐘即可。可以直接品嚐到馬鈴薯的甘甜原味，非常好吃！

現在大家已經很熟悉的這道玻璃罐沙拉，首先在玻璃罐中倒入沙拉醬汁，再放入即使浸泡在醬汁中也不會影響風味的蔬菜（例如洋蔥、紅蘿蔔、玉米等），最後再放葉類生菜。可以事先做好生菜沙拉，對於節省時間很有幫助。

29

關於禮物，需要大家一起討論

每逢家人的生日或紀念日，總是會想要贈送禮物博得對方的歡心。尤其是在美國，無論大小節日都會習慣贈送禮物，到了聖誕節更是喜歡「把禮物堆得跟山一樣高」。而且不只是送給孩子而已，家人、親戚、朋友之間也會互相贈送大量的禮物。

而我的丈夫是美國人，家人之間長年來也習慣互相贈送禮物，但是在逐漸把家裡物品精簡化的過程中，我也與丈夫仔細討論過關於家人之間送禮的必要性。

我認為，送禮時最重要的是彼此互相體貼的心意，以及表達自己的感謝與情感；而情感表示的方式，並不一定要藉由實質的物品來傳達。因此，我們決定如果要送禮物的話，就選擇鮮花或食物等不會長期留存下來的物品。

在2月的西洋情人節，丈夫與兒子會一起送我鮮花作為禮物，而我生日的時候，孩子們會送給我親手製作的卡片，並前往家附近的飯店內餐廳享用自助式午餐，全家人一同慶生。

到了下一個月的丈夫生日，我與孩子們則合送他最喜歡的咖啡與紅酒作為禮物。

當我們要送禮物給孩子們的時候，並不會採用美國式的多樣禮物攻勢，而是只會挑一個孩子真正想要的東西送給他。雖然由父母自行決定禮物給孩子驚喜也是不錯的方式，不過，在我們家，我會事先問清楚孩子想要什麼，或是在聖誕節前先請孩子製作一張「wish list（許願清單）」，讓孩子們直接寫出他們想要什麼樣的禮物。

在一年之中有著數不盡的紀念日與特殊日期，多虧我們訂下了「盡量以物品以外的東西來傳達心意」的規則，才能讓我們家更輕鬆地繼續維持凡事簡約的生活型態。

30

把孩子們的「喜好」放在第一順位

帶著3個孩子生活在美國的那段時光，讓我清楚地察覺到日本與美國對於教養小孩與家庭教育的方式完全迥異。在美國，即使是年紀還很小的孩子，大家也會把他當作是「一個獨立的個體」平等地對待。

一般來說美國人在教育孩子時，父母親的願望或價值觀不會

強行加諸於孩子身上，而是會尊重孩子自己做出的決定，並且充分引導孩子自己的個性。因此，在美國並不會有父母自行決定讓孩子去上補習班、學習才藝等情況發生。

我們家的長男並不怎麼喜歡念書，在學習過程中也曾發生過轉換跑道接受日語教育，在成績方面有段時間一直讓我們感到操心。我曾問過他：「要不要去補習班看看呢？」他的回答是：「NO~」。長男向來喜歡活動身體，現在正熱衷於他最喜歡的網球。

長男將來的夢想是成為網球選手。因此我決定此後不再擔心他的成績，頂多只是在他寫功課時偶爾幫他指導一下而已，從今以後要「全心全意支持他自己想做的事」。

孩子們各自負責的chores（家事）
長男… 熨燙自己的圍裙
倒垃圾/掃廁所
長女… 打掃玄關/收拾客廳
擦拭鞋子
次男… 把玄關的鞋子排列整齊
收拾飯後的餐具

目前5年級的長男一週會負責料理一次，最近他煮了在家政課學到的蔬菜湯給家人品嚐。

美國的學校方針基本上不會太在意考試成績的高低，而是會幫助每一位學生好好發展他自己專屬的長才。同時也會教導孩子，既然身為家庭成員的一員，也必須做好一些「工作」才行。因此當孩子從學校放學回家後，並不是「以念書優先」，而是必須先做好「chores（家事）」。

在我們家，目前5年級的長男會幫忙熨燙自己在學校輪值營養午餐值日生時穿著的白色圍裙，以及倒垃圾等家事。

我也認為雖然念書很重要沒錯，但家庭教育並不應該只偏重於課業這一環，而是應該讓孩子們可以發揮與生俱來的個性與長處，在幫忙家務的同時、與家人和樂融融地共同生活。

雖然這款玩具箱當初在購買時感覺似乎有點小（無印良品的「PP收納架 標準型・寬」），購入了一年後的現在，我覺得對3個孩子來說尺寸都剛剛好。玩完玩具後長女會率先帶頭開始收拾，真是幫了我大忙。

這是長男的網球用具組，他現在一週內會前往家附近的網球教室練習3～4次。

次男最喜歡為家中的植物澆水。PLASTEX公司（芬蘭）推出的澆水罐0.75L尺寸小巧，就連小孩也能輕鬆使用。

31 自己先做出改變、旁人也會跟著改變

這是在我決定開始執行簡約生活1年後的春天所發生的事。原本擁有許多物品的女兒，突然發出宣言：「我想要把房間變得整潔清爽」。

由於基本上我不會插手多管孩子們的物品，也不會強行逼迫家人都要跟我一樣過著簡約的生活，因此，對於女兒的心境突然產生轉變，我也感到很驚訝。

「雖然我想要把房間變得整潔清爽，但是不知道該怎麼做比較好，媽媽幫幫我。」女兒如此向我尋求建議。

為了讓當時才1年級的女兒容易明白，我這麼跟她解釋：「把妳喜歡的東西留下來、不喜歡的東西就丟掉吧！」，再告訴她：「雖然喜歡但幾乎不怎麼會用到的東西，媽媽覺得可以下定決心把它丟掉唷！」接著給了女兒幾個垃圾袋，我就

直接離開她房間了。

過了1小時後，我再度前往女兒房間偷看，原本堆積如山的房間完全變了個樣，呈現出整潔清爽的模樣，而在房間的角落裡有3大袋清理出來的物品。

以前當女兒看到我扔東西時總會跟我說：「為什麼要丟這麼多東西呢？這樣不是很浪費嗎？」我想可能是因為她在旁邊看到我過著簡約生活輕鬆又舒適的模樣，這股氛圍也感染到她了吧！

在我們家，東西最多的就屬我先生了，在他身上也漸漸發生了變化。首先，他變得不再買衣服了。雖然他的衣櫃中還是依然塞滿了大量衣物，不過他現在再也不會像以前一樣一直買個不停；此外，衣櫃裡衣物的收納方式似乎也改變了，什麼衣物放在哪裡都顯得一目了然。

不管是好的還是壞的，人就是會受到周遭的人影響。如果想要「開始試著過簡約生活」的話，先別管其他家人，首先就從自己可以做到的範圍內逐漸減少自己的東西吧！當自己實踐了簡約生活、過著輕鬆舒適的生活後，慢慢地這種愉快的感覺也一定會擴散到周遭旁人的心裡。

向值得仿效的人請益 3

讓家事變得輕鬆的靈感

Osayo（現居福岡縣）

Osayo小姐

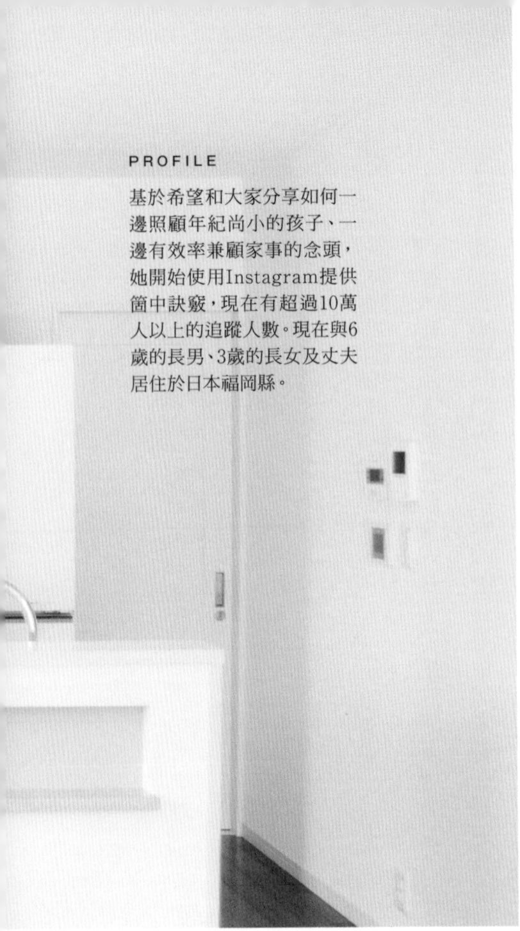

PROFILE

基於希望和大家分享如何一邊照顧年紀尚小的孩子、一邊有效率兼顧家事的念頭，她開始使用Instagram提供箇中訣竅，現在有超過10萬人以上的追蹤人數。現在與6歲的長男、3歲的長女及丈夫居住於日本福岡縣。

製作早餐、幫丈夫及孩子們帶便當、打掃家裡、洗衣服，早上的時間過得飛快，一轉眼就到了中午。接著孩子們陸續回到家，又匆匆忙忙急著準備晚餐……，身為一個媽媽，日常生活就是被各種大小事擠得滿滿。有時候，常會感覺自己好像正被時間追著跑一樣。為了預防自己陷入這種情況，Osayo發明了一種「能減少迷惘的家事法則」。

「把每一項家事都簡單化，減少自己的負荷，決定好每天做家事的規則與步調，就能避免讓自己成天被做不完的家事追著跑。」

以每天打掃家裡為例，早晨起床

後先花3分鐘的時間擦拭洗臉台、5分鐘的時間打掃洗手間。目送丈夫與長男出門上班上學之後，接著距離送長女去幼稚園的時間還有些空檔，就利用這段時間把廚房恢復原狀。上班前先花3分鐘利用抹布把架子上的灰塵擦拭乾淨、接著再花10分鐘用拖把清潔地板。她察覺到只要每一項打掃工作花費的時間都只有短短3～10分鐘，對她來說就不會造成太大負擔。

Osayo表示：「先決定好每一個步驟必須花費的時間，就能放鬆心情去做家事，還能更有效率地利用時間。」而她自己製作的「以月為

32

制定出一套讓孩子能夠自行收納的規則

收納規則盡量越簡單越好。
最好是簡單明瞭到連第一次
進入這個房間的人，都可以
順利把東西收拾回原位！

單位的打掃確認清單」也幫上了不少忙。這是以1個月為單位來整理出哪裡已經打掃過了、哪裡是還沒打掃過的地方，把家事「具象化」的清單。當她打掃完某個場所後，就會在這張清單上打個勾，等到全部的細項都打勾完畢，也就等於是清楚明白地表示出整個家都整理過一遍的意思。

「哎呀，廚房的櫃子有點髒……差不多該打掃了，真麻煩啊！咦？排水口也髒了！我上一次清理排水口是什麼時候？」與其像這樣自己東想西想、想不出個結果來，還不如減少這種讓自己猶豫迷惘的時

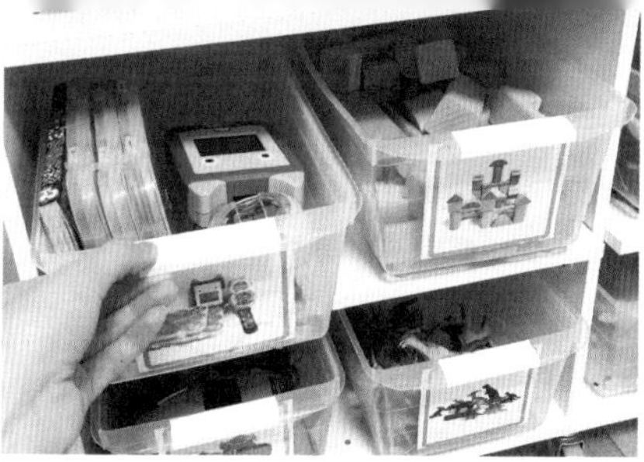

在櫃子裡放入塑膠籃當作玩具箱。將玩具箱內放置的物品拍照後貼在籃子外面，就能讓人一眼就看出來什麼物品該放在哪一個籃子裡。

把百元商店Seria所販售的碗盤架當作書架來使用。由於中間具有細長的柱狀設計，繪本不會變得東倒西歪。

刻，做起家事來的心情也會變得更輕鬆。徹底執行這個方法後，當然也不需要在年底安排大掃除了。

此外，Osayo為了讓日常生活過得更方便輕鬆，她也制定出了一套讓全家人一起遵守的規則。像是在廚房裡，她就把每一個容器與該放置的位置都貼上標籤，明確地寫出裡面的內容物與該放置的位置。舉例來說，在冰箱裡也有貼著「美乃滋」的標籤，這麼一來不管是誰都能把美乃滋放回原位。平常使用的3條抹布，也各別貼上了「餐桌」、「廚房」、「碗盤」等標籤。另外，日用品的採購清單是採

33

在便條紙上列出購物清單

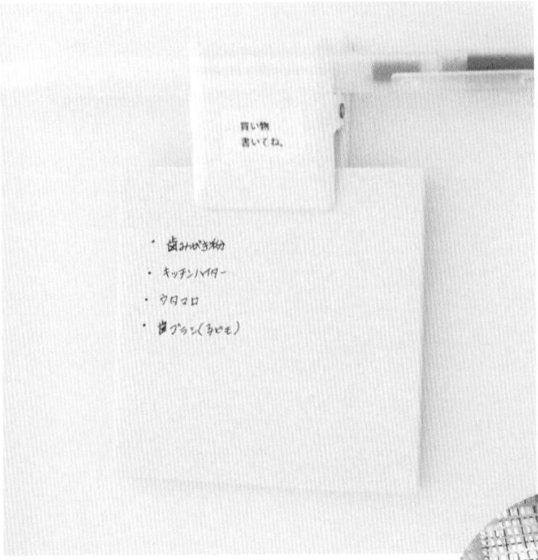

白色便條紙上記錄的是家庭共用的購物清單。將附有磁鐵的便條紙直接吸在冰箱門上，上面還放有一支筆方便記錄。

粉紅色的便條紙記錄的是食材採買清單。把便條紙先貼在iPhone帶出門後，到了超市再把便條紙貼到購物推車的把手上，一邊看著購物清單、一邊採買生活必需品。

取每位家庭成員親自記錄的方式。在冰箱貼上白色便條紙，用掉家中某物品庫存最後1個的人，就要負責在便條紙上紀錄下來，例如「香皂」。如此一來，到了週末要去採購日用品時，就可以直接帶著便條紙出門，照著上面記錄的物品一一購入。

在Osayo的生活中，每個細節都隨處可見她下的功夫。當我詢問她，這麼努力的原動力為何時，她回答：「因為我想把生活的焦點放在珍貴的時間上。」藉由簡化日常生活的瑣事，讓心靈產生充裕感，這麼一來就能真正把握住對自己而言最重要的時間。

34

在白板上條列出本週的聯絡事項

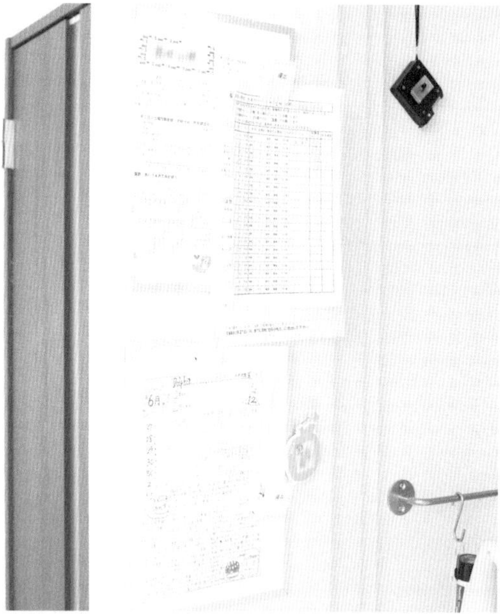

Osayo會把本週的代辦事項與學校的每月通知等都貼在白板（DAISO）上。上方白板是兒子專用、下方則是女兒專用。貼在上方的傳單類訊息，會在週末一起拿去回收。如果像是通訊錄等需要長期保存的紙張，就統一收納在資料夾裡。

「對我來說，與孩子們相處的點點滴滴就是我最想好好把握住的時間。等到孩子們都睡著後，我就會一邊啜飲著丈夫為我沖泡的咖啡，一邊與丈夫聊聊當天發生的大小事。」

正是因為與丈夫單獨相處的時間有限，Osayo才會在白天花工夫將家事全部解決，才能營造出晚上2人相處的片刻。Osayo表示，即使在當天發生了一些讓心情低落的事，只要與丈夫聊聊就能讓心情重新恢復輕盈。真是一對理想夫婦呢！只要與能讓自己心情放鬆的家人好好聊個天，就能讓自己恢復活力，明天又能迎接嶄新的一天！

35

以常備菜輕鬆打理每天早餐

在平常有空時先準備好早餐要吃的常備菜色。通常早餐的主食都是煎鮭魚（去骨並分為小塊）、吻仔魚炒青菜等，再利用「親手製作的配飯香鬆」撒在白飯上一起食用。只要再煮個味噌湯，就能變出一桌營養均衡的日式早餐。孩子們很喜歡配飯香鬆，每次都會將白飯吃得一乾二淨，也讓洗碗工作變輕鬆了不少。

由於丈夫偏愛和食，每天早上都一定會來上一碗味噌湯。使用的是自己製作的高湯粉（利用食物攪拌器將柴魚片、飛魚乾、昆布、乾香菇打成粉末狀），因此不需要另外花時間熬煮高湯。利用野田琺瑯的附把手小鍋取代一般湯鍋。

36
在週末先把主菜處理好備用

趁著週末將食材一次採購完畢，再事先處理好主菜的準備工作。例如主菜想要做炸雞的話，就可以先醃漬好雞肉；炸竹筴魚則可以先替魚肉裹好麵包粉，置於冷凍庫保存，到了當天就只要下鍋油炸即可。

只要事先處理好主菜的準備工作，到了平日做飯時就會變得輕鬆許多，同時也能讓心情上保有餘裕。

Chapter 4

讓日常生活變得「具象化」的靈感

37

把一整天的流程寫下來

一天只有有限的24小時，卻必須製作料理、收拾家務、洗衣、打掃、接送小孩、學校例行公事、還有工作——，要做的事情太多，很容易就會讓人忙得暈頭轉向，自己真正想做的事情卻總是抽不出時間來做……這樣的情形所在多有。

像這樣總是忙昏頭的每一天，可以藉由「書寫」來扭轉情勢。我從小就很喜歡「書寫文字」，不管是筆記也好、行事曆也罷，我總是想把生活中注意到的大小

瑣事都記錄下來。

生了孩子之後，自己的時間就好像突然消失了一樣。每天忙著照顧3個孩子，讓我深切感受到做好時間管理的重要性。尤其是次男剛出生的那陣子，真的辛苦到無以復加。

在忙碌無比的那段時光中，我開始養成了早上起來就先「書寫」的習慣。把自己當下的心情與一整天的事務流程，全都寫在筆記本上。

舉例來說，當次男約莫1歲左右時，早上的流程如下：

6點　起床
6點15分～7點　準備早餐、製作便當
7點　全家人享用早餐，送長男與長女前往小學及幼稚園
8點30分　洗碗、打掃、洗衣
9點30分　讓次男坐進嬰兒車，推他出門散步

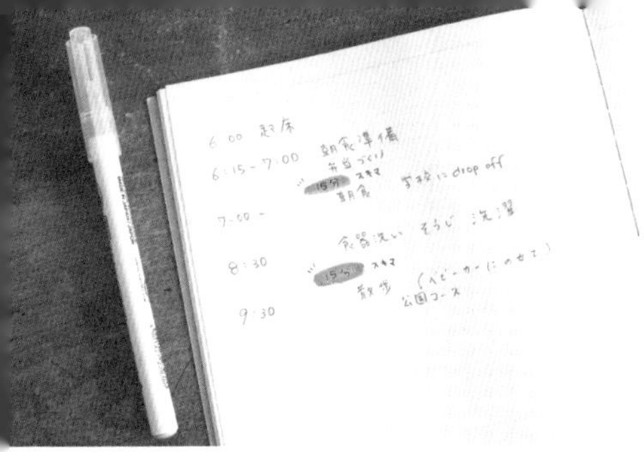

早晨稍微早起一點，一邊喝茶一邊瀏覽當天一整天的行程。

只要像這樣試著把一整天的流程寫下來，就能發現其實在一整天的生活中還是可以找出小小的空檔。例如，做完便當後剩下的15分鐘，打掃、洗衣結束後次男自己玩玩具的空檔等等。把每一項工作的時間寫下來、讓時間變得「具象化」，便能讓自己順利找出中間的空檔時間。只要有15分鐘，就可以為自己泡一壺紅茶、喘口氣休息一下；如果只有5分鐘的話，也可以拿個吸塵器把客廳大致打掃一遍。

光是想著自己「沒時間、沒時間」，時間就會真的悄悄流逝了，不過，如果能把每個時間該做的事情寫下來、並靜下心來好好分析的話，說不定就能找出一些能稍作喘息的時間，讓自己的心情不再那麼焦躁不安。

38 利用插畫來管理衣櫃

如果想要把手邊的衣服精簡成只剩下必須品、希望每天能毫不猶豫地選出該穿哪一件衣物的話，建議大家可以把手邊的衣物全部寫出來看看。如果能再加上插圖在旁邊比對會更好。雖然大家心裡可能會覺得自己能完全掌握擁有哪些衣物，不過，事實上很難全部都記得一清二楚，平常不常看見的東西很容易就會忘記了。利用自己手繪的衣物插圖，就能幫助自己記住衣櫃裡究竟有哪些衣物。

我採用的是攜帶方便的A5大小方格筆記本，而且並非用原子筆、而是利用鉛筆大致畫出衣物外觀，最後再以彩色鉛筆簡單地著色即可。

春夏秋季的上衣、薄外套、下半身衣物，以及冬季上衣、下半身衣物、連身裙等，全部的衣物總共以6頁的篇幅描繪完成。如此一來，只要一打開筆記本，就可以立刻清楚得知自己衣物的總量，也能藉此察覺到不夠的部分，並且思考該如何穿搭，還能讓自己更了解自己對服裝的喜好。此外，在購買衣物時，只要看一眼這本筆記本，就能恢復理智、做出冷靜的判斷，因此也幾乎不會再發生購買後幾乎沒穿到的情形。

畫出衣物插圖的小技巧

- ●不要用原子筆、而要利用鉛筆畫圖，會比較容易修改
- ●筆記本的尺寸小一點會比較好用（Ａ５左右大小）
- ●使用方格筆記本，畫圖時就能參考左右平衡

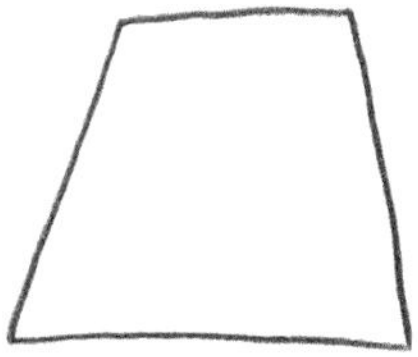

1　先畫出一個大大的梯形

2　畫出袖子

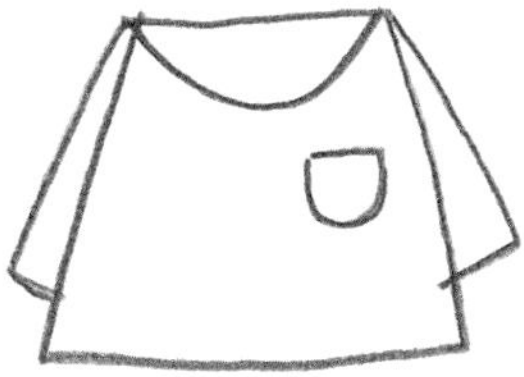

3　畫出衣領、鈕釦等比較細節的特徵

在P20～23所介紹的衣物插圖，就是像這樣打開筆記本一一畫出來的成果。

如果購入了新衣，就利用紙膠帶將新衣的插圖貼在取代的衣物插圖上方。

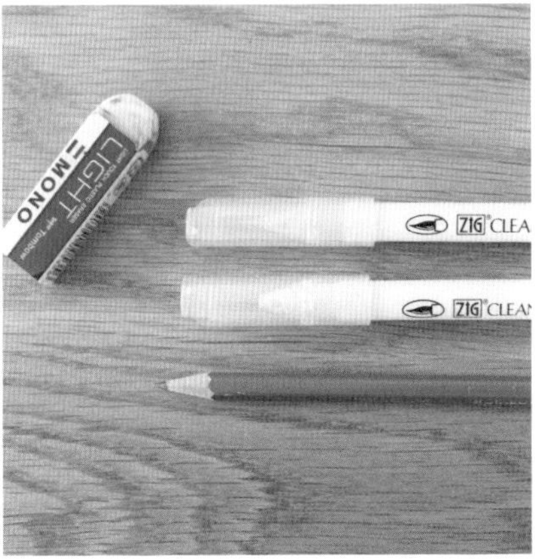

如果要為衣物著色的話，推薦大家使用「ZIG CLEAN COLOR Real Brush（吳竹）」。即使在比較薄的紙張上著色，也不會透出紙面，顯色效果非常漂亮。

39

把正在思考的事情畫在紙上

以更改房間布置舉例，在開始著手之前，先將自己想要怎麼更動畫在紙上。先在筆記本上畫出房間的室內圖（長方形），接著畫出窗戶與門的位置後再畫上家具。如果希望盡量把桌子放在比較明亮的地方，就將桌子畫在南方的窗戶旁邊；裱了框的畫作，考量到色彩的平衡感，也許可以放在沙發上方等等。畫上去後覺得不滿意就可以直接用橡皮擦擦掉，把物品挪動到更適合的位置。這麼一來就不必真的將家具到處搬來搬去，執行起來非常輕鬆。

不僅如此，我有時候也會畫出我的購物清單。舉例來說，當家裡必須添購「枕頭套」的時候，就先在筆記本寫上「枕頭套」，在文字旁邊簡單畫出枕頭的形狀，再註明枕頭的寬度與長度。

接著再寫上「棉麻材質」、「盡量挑選清爽的藍色（條紋設計也ＯＫ）」等條件，把自己腦海裡想到的事項全部紀錄下來。只要把想要的東西先畫在筆記本裡，就能從琳瑯滿目的商品當中，挑到「正中紅心！」的理想選擇囉！

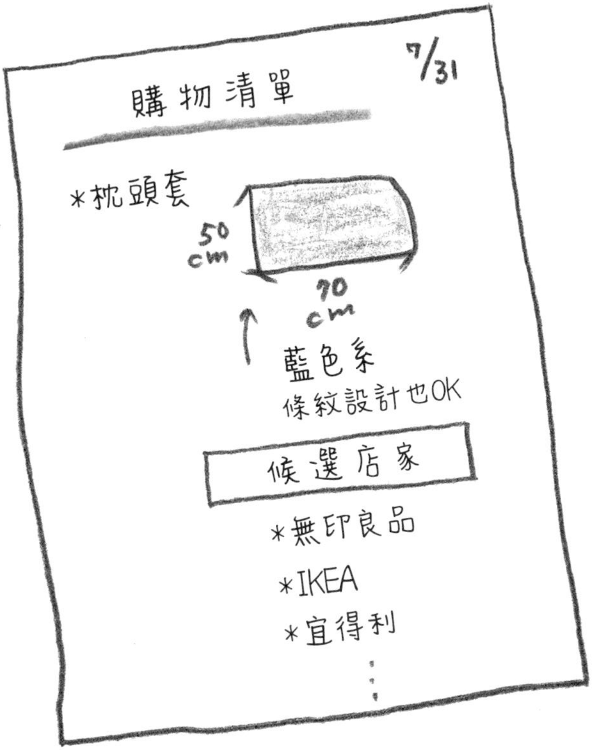

40

以繪畫增添生活的色彩

每個人為自己的生活帶來樂趣的方式都不盡相同，以我為例，我喜歡在開車的時候聽一些自己喜歡的音樂，或是一邊閱讀書籍雜誌、一邊啜飲花草茶，以及洗完澡後與孩子們互相為彼此按摩。此外，「手作」也是在我的生活中不可或缺的樂趣之一。

由於我很喜歡布置居家環境，我經常親手製作上面綴有我親筆插圖的家用雜貨。當我靈光一閃、腦海中想到有什麼想要畫出來的圖案時，我不會立刻動手畫畫，而是會沉澱個幾天，讓靈感逐漸成形。只要一拿起畫筆開始擬草稿，我就會忍不住開始想像要在這裡揮灑上哪些色彩，心情也會變得雀躍無比。前陣子，我在素色的四方形杯墊（紙製）上，利用彩色筆畫了一些圖案，製作出好幾個親手設計的杯墊。平常就收在客廳裡的白色櫃子裡作為裝飾。

此外，在素色的簡單筆記本或便條紙上，只要畫上一些小小的圖案，就能立即增添一絲溫馨氣息。我會畫上簡單的房屋圖案、花草樹木等大自然的象徵；想要展現出北歐氣息時，我就會畫些類似木馬的圖案。

孩子們也常會在我畫的插圖旁邊畫畫。想像力極為豐富的孩子們所畫出來的圖案，會使用大人無法想像的鮮豔色彩，具有大膽的創造力。我女兒特別喜歡鮮豔的維他命色彩，我特地把她利用蠟筆畫給我的畫，裱框起來放在客廳作為裝飾。（如P113照片中所示）

我也會在紙製杯墊上貼上寬度較寬的紙膠帶作為裝飾。我很喜歡mina perhonen推出的鈴鼓圖案。

41

在筆記本寫下心願

在P112有提到我每天早上都會打開筆記本，寫下當天一整天的流程，不過其實在我的生活中，還有許多時候會用到筆記本。在筆記本寫下心願就是其中之一。

大家常說「只要把願望寫下來就能實現」，我在每天的親身體驗中，更是深刻感受到這句話的涵義。

舉例來說，當我們決定搬家到橫濱時，第一個想到的就是「想要住在有很多公園、容易養育小孩的區域！」當時，我在筆記本裡寫下「已經在橫濱的〇〇區域找到了理想的房子」。

那時候不只是預算有限，就連房屋仲介那邊也表示該區域目前沒有閒置的房子，因此丈夫在當時其實已經放棄了那區，開始改找別區的空房。可是，過了1

一打開筆記本，就可以看到我畫上了彷彿所有的願望都已經成真的插圖。

NOTEBOOK

從右起分別為「夢想筆記本」、「新月筆記本」、「行事曆」。在「夢想筆記本」中，只要我一想到什麼心願，就會直接寫在上面。而「新月筆記本」則是在每月1次的初一那天，寫下當月的願望。在「行事曆」的空白處，我會以一定會實現為前提，寫下每一個願望，例如：「已經順利寫出了2章新書內容！」等等。

週後，在各種因緣際會的巧合之下，我們竟然真的在原本希望的區域找到了完全符合條件的理想房屋。而且，房租價格也是當初房屋仲介預估的一半左右而已。

不僅如此，在我出版前一本書之前，我也在筆記本裡寫下「已經順利出書了！」在我寫下心願的剛好3週後就決定出版了。

而我現在能如願享受極簡的生活，可能也是因為我有在筆記本寫下「依照

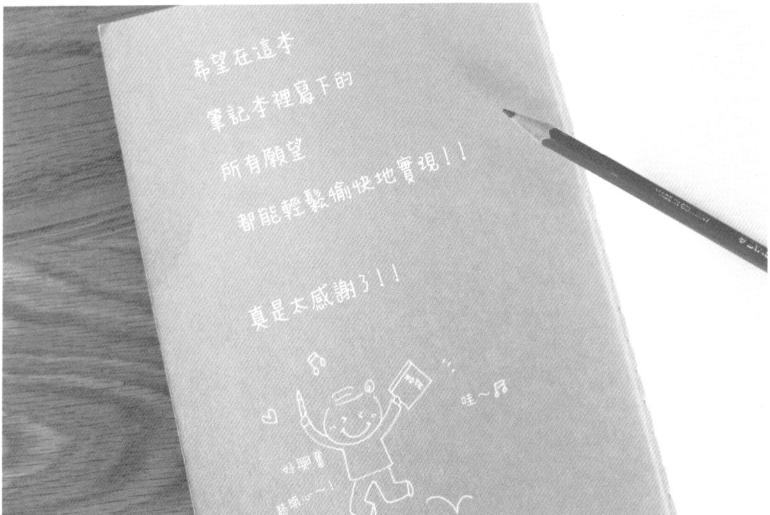
希望在這本
筆記本裡寫下的
所有願望
都能輕鬆愉快地實現！！
真是太感謝了！！
哇～

自己的步調開心過著極簡生活」的緣故吧！

當我在筆記本寫出心願的時候，我一定會用「過去式」來書寫。例如：「已經可以○○了」，或者是更進一步寫下「已經可以○○，真是太開心了！」或者是「獲得了夢寐以求的○○，好幸福啊！」把願望可以實現時的心情也一併寫入筆記本裡。旁邊再畫上小插圖，讓自己的心願看起來更加明確。

長男與長女看到我這麼做之後，也開始寫起各自的「夢想筆記本」。不擅長日語的長男，在筆記本裡寫下的是「我已經把5年級該學的漢字都輕鬆記起來了！」個性有點害羞的長女，寫的則是「在學校交到了很多朋友，每天都過得很開心！」看到他們寫著心願的身影，不知怎麼地我覺得非常感動又高興。

在忙碌的生活中，很容易讓人忘記心裡曾經湧現的小小悸動與希望，一下子就會被別的想法給取代而消失無蹤。我認為藉由把心願明確地白紙黑字記錄下來，就能讓人把生活的重心聚焦在那上面，讓自己離夢想越來越近。

向值得仿效的人請益 ④

享受第二人生的靈感

真謝江美子（現居沖繩縣）

沖繩縣北部的大宜味村，以居民特別長壽而廣為人知。從大宜味村的西部海岸開車大約10分鐘，沿著山原的山間道路一路往上開去，便能在一片綠野繚繞的森林裡發現一間名為「Gajimanro」的咖啡店佇立其中。我知道這間店是好幾年前的事了。當初剛開始移居到沖繩時，在一次偶然的機緣下我經過了這間店前的道路。

這間咖啡店的女主人真謝江美子表示：「我想讓更多人一起看見從我家看出去的美好景色，讓更多人感受到沖繩的大自然之美。」她抱持著這個想法，在11年前開始經營

PROFILE

1948年出生於沖繩縣。與丈夫兩人居住在位於沖繩本島北部的大宜味村深山裡。目前在自宅裡的空間開設了一間小小的咖啡店「Gajimanro」，店名是源自於沖繩方言「がじまる（聚集）」。她的興趣是蒔花弄草。

這間小小的咖啡店，同時也展開了她的第二人生。

當我第一次踏進這個空間，不知為何，一種懷念的感覺不禁油然而生。真謝江美子的丈夫原本就是木工，這間簡潔的平房也是由他親手建造而成。店裡只在櫃台前放了幾張椅子，在靠內側的位置設置了塌塌米與一張桌子而已。其餘空間不放任何物品，每天早上開店時，就把窗戶與大門全都敞開，讓山林裡的清新空氣在店內流動循環，待在裡頭讓人感覺非常舒服。

「因為我希望讓山林與庭院的景色成為主角，因此咖啡店裡面的布

42

店裡盡量不放任何多餘的物品

打造出舒適空間的秘密在於，每一個角落都徹底打掃乾淨，讓大自然的風循環流動。由於只有她一個人獨自打點咖啡店，刻意營造出一個以容易打掃為第一優先的環境。

置盡量採取簡潔大方。而且因為是我一個人獨立經營，為了讓打掃起來更輕鬆，我幾乎不擺任何多餘的物品。」

江美子非常注重維持有條不紊的整潔環境，由於她認為「打掃＝淨化」，因此每天都會仔細地認真打掃環境。

她幾乎不使用吸塵器，而是利用掃把掃完地之後，再用折成四方型的抹布擦地板。打掃時也不使用清潔劑，而是以洗米水將地板與水槽擦拭得光亮無比。因為洗米水中含有些許油脂的緣故，據說同時也能發揮打蠟的效果。

43

讓自己保持從容不迫為第一優先

她刻意減少菜單上的菜色數量，讓自己能夠從容不迫地精心製作出每一道料理。因為隨時以笑容與好心情招呼客人，就是最好的待客之道。

「我刻意將菜單設計得很簡單，午餐只有提供發酵玄米飯糰配味噌湯套餐、以及沖繩番茄披薩這兩種而已。」

當客人點了番茄披薩之後，江美子就會到庭院裡摘下新鮮魁蒿，切碎後撒在披薩上面！沖繩的魁蒿不像日本本地產的那麼苦，葉子非常柔軟，吃起來的口感就像是羅勒一樣。這道餐點非常美味！

「在我們村子裡，只要有人身體不舒服的話，就會食用魁蒿；要是被蚊蚋叮咬，也只要把魁蒿輕輕敷在患部，就能達到止癢的

44
順其自然

江美子表示，「如果沒有客人也無妨，可以換一個角度想成『啊～今年客人不多，剛好可以整理庭院～』，讓自己保有積極的心態。」她故意不設定營業目標，以順其自然的心態經營咖啡店。

效果唷！」

我想，大宜味村長壽的秘密說不定就在於回歸自然的飲食習慣。當我在村子裡頭散步時，常會看見高齡90歲的老奶奶們充滿活力地在田裡工作，或是在海邊採集貝類的身影。

江美子的咖啡店營業時間為星期一到星期四，在星期五、六、日休息。通常一般人都會認為客人較多的週末「一定要開店才行」，不過江美子的想法卻正好相反。因為要是在週末營業的話，很可能會因為客人太多而忙不過來，讓遠道而來的客人久

45
蒔花種草

一旦投身於蒔花種草，便能讓生活保有彈性。她除了種植品茶時會用到的扶桑花與玫瑰等花卉之外，也種植薄荷、巴西里等香草類植物。在她的庭院裡總是有許多蝴蝶飛舞，簡直就像是童話世界般地夢幻。

候，會讓她感到非常抱歉。而這種消極的心情也會傳達給客人，因此她刻意選在週末作為店休日。

「對我來說，跟客人閒話家常比任何事都要來得開心。我也快要70歲了，我想要以自己最舒適的步伐、在我能做到的範圍內長長久久地繼續經營這間咖啡廳。」

這麼說來，我也完全可以理解為什麼這間店擁有很多常客了。我自己也非常期待以後再度前往沖繩、與江美子的下一次見面。

Chapter 5

讓心靈保持從容的靈感

46

珍惜開啟一天的「早晨」時光

對於在寺廟裡出生、長大的我而言，無論是小時候或現在，「早晨」都是一段非常特別的時間。祖父大聲誦經、配上輕脆的木魚聲響，就是我每天早上的鬧鐘。當我睜開雙眼輕快地走下樓梯後，會看見家中的窗門敞開，迎接著我的是早晨還稍帶涼意的清新空氣。此時，祖母總會拿著雞毛撢子輕輕拍落紙門上的灰塵，接著再拿著掃把打掃走廊。儘管當時的我年紀還小，也能清楚感受到原來只要在一大早把環境打點得整齊乾淨，便能為一整天帶來清爽俐落的好心情。

如今長大後的我，也會盡量在早晨做好一兩件可以讓自己感到清爽舒適的事。因為我知道，只要以從容舒適的心情度過早晨時光，接下來的一整天都能保持這樣的良好狀態，迎來充實美好的一天。

低速慢磨榨汁機是藉由低轉速帶動螺旋刀片榨出果汁，因此能保留食材的甘甜原味，自行榨出口感清爽滑順的美味果汁。

雖然每天早晨總會因為給孩子帶便當及做早餐而忙得不可開交，不過，若是能在孩子起床前30分鐘先起來，就能擠出一點屬於自己的時間。

最近，我開始養成了每天早上喝果汁的習慣。早晨起床後，就先用低速慢磨榨汁機為自己做一杯新鮮果汁。我們家最喜歡的果汁是用蘋果、紅蘿蔔、再加上檸檬的綜合果汁。利用2顆蘋果、2根紅蘿蔔及半個檸檬，就能打出5人份的果汁。在一大清早先喝下一杯有著滿滿酵素的新鮮現榨果汁，就能以絕佳的身體狀態度過接下來的一整天。就算前一天晚上好像吃太多了，只要喝下這杯現榨果汁，感覺整個人都會變得清爽多了。這杯美味的果汁讓我每天都很期待早晨時光到來。

47

對每個空間都抱持感謝的心

在我還小的時候，祖父這麼教我：「使用洗手間之前，要先雙手合十後再打開門。」祖父還說：「無論哪一個空間，都要抱持著感謝的心情使用，使用完畢後一定要好好清理乾淨。養成這個習慣後，心靈也會自然而然變得平靜清爽。」

在我從小長大的家裡，無論是廚房、浴室、洗手間等，每一個房間入口都設置有神龕；也就是說，每一個空間裡頭都有神明存在……，在我小的時候，我根深柢固地這麼相信著。

長大之後，我之所以會對室內布置與空間設計這麼感興趣，也許就是因為從小就被教導要珍惜每個空間所帶來的影響吧！

如果要用行動來表達對空間的感謝，那就非「打掃」莫屬了。硬要說的話，我並不是特別擅長打掃的人，但是，聽著和尚們聊天的內容，改變了我對於打掃的想法。

在禪宗寺院裡，廁所被稱為「東司」，而東司也是禪寺裡重要的修行場所。在使用禪寺裡的廁所時，有許多瑣碎的規則必須遵守。舉例來說，「想要去廁所時，一定要從容不迫地前往。」也就是說，想上廁所時絕對不能慌張急躁，而是要從從容容地前往廁所才行。此外，廁所也是禪寺裡三默道場的其中之一，保持沉默正是相當重要的規矩。

打掃東司的工作，是由被稱呼為首座的修行僧首領來執行；這正能說明打掃廁所是多麼重要的工作。而且，在打掃廁所的時候，一定要盡可能地以感謝的心情進行，一邊抱著讓所有人都能愉快地使用廁所的心情、一邊仔細打掃。

在每天打掃家裡的時候，如果都能抱著「自己有安身之處真是太幸福了」的想法，打掃這件事也會漸漸變得越來越有趣，真是不可思議呢！

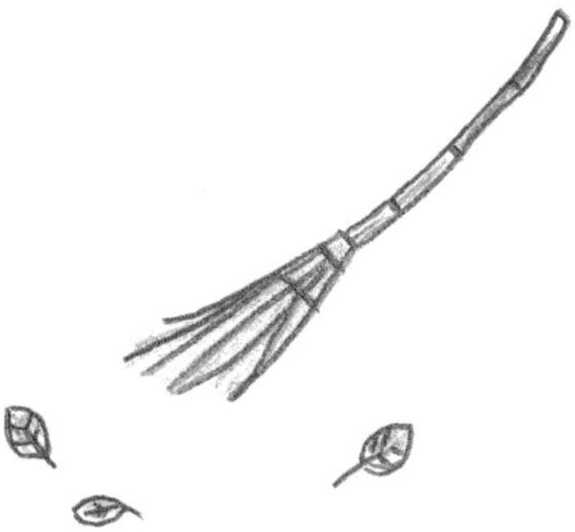

48

無論何時何地都能做的「短時間坐禪法」

今年春天，我前往位於山形縣鶴岡市的曹洞宗・善寶寺參加了坐禪會。曹洞宗的教義基礎就是「坐禪」，因為藉由靜坐、可以讓身心靈都重新歸零。每當我坐禪結束後，都會湧現出一股無可言喻的清爽感受，心情也能變得沉靜下來。

而坐禪並不一定要前往寺廟才能進行，其實，我們隨時隨地都可以以輕鬆的心情來坐禪。由渡部禪師所指導的「短時間坐

一邊走路也能一邊「打禪（步禪）」。只要心靈沉靜下來，便能不再拘泥於小事。

禪法」，就是僅以1次的深呼吸，便能達到如同打禪般的效果，讓身心靈都變得輕盈暢快，我非常推薦大家試試看。

即使站著也可以進行「短時間坐禪法」。此外，若是能一邊嗅聞茶香或咖啡香，或是在手帕滴上1滴芳香精油，一邊嗅聞著香氣一邊坐禪，效果反而會更好。

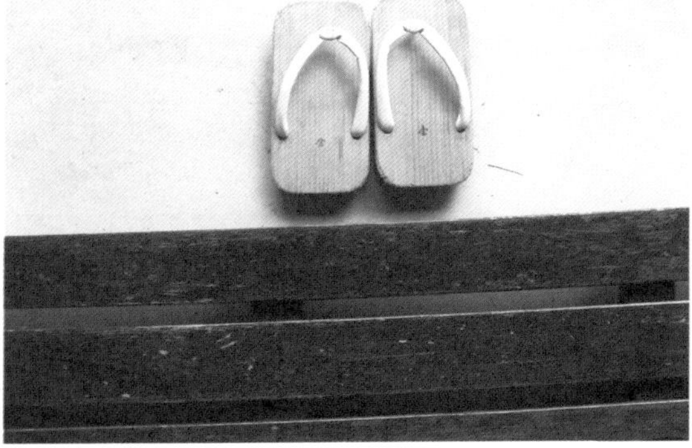

正殿前的玄關處只放有一雙木屐。每天都會認真打掃，讓這裡永保整潔。

坐禪的關鍵就在於要在自己感到「舒適愉快」的情況下進行。據說藉由每天持續坐禪，便能讓心靈維持沉靜的時光越來越長。

以我自己為例，我都是在前往幼稚園接次男時一邊走路、一邊步禪。從

我家到幼稚園的路上綠意盎然，四周都飄散著鮮花的芳香。以緩慢舒服的步調往前走，一邊感受著微風與鮮花的香氣、一邊吐出長長的氣息，讓臉上掛著微笑。可能是因為我都是以這樣的方式走在這條路上，也有越來越多與我擦肩而過的人們以微笑跟我打招呼。

短時間坐禪法

1 慢慢吐出氣息，放盡全身的力量、好好放鬆。（以鼻子或嘴巴吐氣都可以）。

2 吐完氣之後，以身體最自然的反應吸入空氣。

3 接著再吐出一口長長的氣息，最後讓臉上掛著微笑（嘴角上揚）。

在我們家，孩子們在客廳做作業的時候也會活用「蒲團」，看電視時也可以代替椅子來使用；如果想要稍微躺一下的話，則可以當作枕頭，在各式各樣的時刻都能大大派上用場。只要坐在蒲團上面，身體便會自然而然挺直背脊，改善坐姿。

坐禪的時候必須使用一種外表彷彿圓型抱枕般的「蒲團」。蒲團不僅比想像中的舒適，以盤腿的坐姿坐在蒲團上，會感覺到自己的背部肌肉獲得了伸展。

49

每天都撥出5分鐘的放空時間

除了短時間坐禪法之外，我還從和尚那裡學到了如何讓心靈保持輕盈的訣竅，那就是「每天都撥出5分鐘的放空時間」。據說光是這樣就能達到與坐禪同樣的效果。不管是坐著還是躺著都可以，只要維持自己喜歡的姿勢，不要東想西想，光是放空就好，就是這麼簡單。

雖然一般人聽到「放空」，可能會有不太好的印象，不過其實適度的放空不僅可以釋放壓力、提升記憶力、維持心情穩定等等，可以帶來許多正面的影響。

放空的方式有許多種，我都是利用工作空檔的下午茶時間，一邊啜飲茶品、一邊閉上雙眼放空。雖然也可以睜開雙眼，不過我自己覺得還是閉起雙眼時、頭腦會比較容易放空。儘管坐禪時「不要東想西想」，但只要一閉起雙眼，還是會忍

不住浮現起各種雜念，例如：「今天晚餐要做什麼料理」、「咦？離接小孩放學的時間還有幾分鐘呢？」等等。即使腦中會浮現起各式各樣的念頭，但要記住不要深入多想，只要讓這些念頭不經意地流逝即可。

另外，我也很喜歡坐在椅子上，一邊掏耳朵一邊閉起雙眼，享受放空的時光。聽著掏耳朵時發出的唰唰聲響，便能讓我的心思保持一片清明。

有時也會有無論如何都會忍不住想東想西的時刻，這時候我會刻意想一些開心的事，或是我最喜歡的事物，對我來說，這樣也能帶給我跟放空時一樣的放鬆效果。

50

感到心情焦躁時，就動手打掃吧！

據說禪寺裡的修行僧人們，一天內會動手擦拭地板與走廊至少3次。禪宗有個說法是：「一為掃除、二為信心」，也就是說，首先最該做的就是打掃，把環境打掃乾淨後自然就能生出信心，打掃就是這麼重要。這麼說來，打掃堪稱是「活動的坐禪」一點也不為過。

雖然有時候在開始打掃之前，還是會忍不住覺得麻煩，不過，只要一開始動手打掃，慢慢讓身體開始動起來，就能感覺到心中的陰霾一掃而空，所有的煩惱都被拋到九霄雲外去了。

這是因為藉由讓身體動起來打掃，便能讓心思集中於「現在」的緣故。在禪宗的觀念裡，我們所有的煩惱幾乎都是屬於「過去」或「未來」，而非「現在」。

藉由打掃環境，比較容易讓我們放開對於過去與未來的執念，至少我是這麼解讀的。

在P30的篇幅中我也有提到，我們家的打掃方式是以5分鐘為單位簡單地打掃。我的作法是在一整天當中，會動手收拾打掃好幾次，舉例來說，早上孩子們都去上學之後，我就會利用吸塵器把客廳與廚房迅速清理一下。即使只有短短的5分鐘，吸完地之後也能讓心情感到煥然一新；早上洗完臉後，也會順便拿科技海綿迅速擦拭一遍洗臉台，這個小動作甚至不需要花到1分鐘就能完成。上完廁所後，也可以順便拿馬桶刷把整個馬桶輕輕刷過一遍；通常我都是傍晚時分會稍微刷一下馬桶，仔細計算時間的話也只不過2分鐘罷了。

我認為藉由「頻繁動手打掃環境」，可以讓心中的煩惱陰霾全數散盡，一點一滴釋放壓力。打個比方來說，我覺得打掃就像是心靈的空氣清淨機一樣，只要把開關維持開啟，就能持續吸走心中的煩悶焦躁。只要體驗過一次這種心靈澄淨清明的感受，就會對頻繁打掃上癮了！

51 笑出聲來

很久以前就有「和尚都能健健康康長命百歲」的說法。像是永平寺的宮崎禪師得年107歲、清水寺的大西住持也頤享天年直到107歲才往生。而我的祖父一直到94歲身體都還很健康，到嚥氣的前一刻還笑著對大家說「謝謝」，並雙手合十傳達他的感謝之意。

我想和尚們能夠一直保持平安健康的原因肯定有很多，不過據說其中之一就是平日養成「發出聲音」的習慣。我的祖父與父親每天早晨起床後，就會直接前往禪寺正殿裡誦經。他們都會挺起背脊，大聲誦經持續30分鐘。

有一次我在無意間近距離地觀察持續大聲誦經的祖父與父親，我發現他們在誦經時都會迅速地大口呼吸，隨著誦經也一併吐出深長的氣息。也就是說，藉由大聲誦經，也自然而然地進行了「腹式呼吸」。

依照禪宗的說法，藉由誦經或坐禪所進行的腹式呼吸，可以調整自律神經，並且讓血液循環變佳。不僅如此，從腹部發出聲音也能連帶讓心靈感到煥然一新，因此早晨誦經也可以為一整天帶來一個好的開始。

不過，發出聲音並不是非得要誦經才行。光是唱唱歌、與別人開心聊天，也都能達到同樣的效果。

舉我自己為例，當我與孩子們說話時，是最能做自己的時刻，此時我都會感到非常舒服放鬆。這可能是因為我與孩子們不光只是對話而已，我會順著孩子們的聊天脈絡，即使是微不足道的小事也會一起哈哈大笑。聽說孩子們一整天平均下來會大笑400次左右，但大人卻只笑15次而已。其實每個大人也都曾經是小孩，只要稍微用心，應該就可以增加大笑的次數才對。我想，說不定「愉快的對話」＋「大笑」就是無論何時何地都能進行的健康法則呢！

永遠保持積極心態 樂在生活的靈感

阿部白龍禪師（現居山形縣）

我從小在山形縣小農村中的寺廟裡長大。這間寺廟世世代代都信奉曹洞宗，我72歲的父親現在擔任住持（也就是在這裡介紹的阿部白龍禪師），而我哥哥則是這裡的副住持。

我父親都是由一大清早在正殿裡誦經，為一整天揭開序幕。無論是酷暑盛夏或是白雪皚皚的嚴冬，從未有一天間斷過。父親常常跟我們說，只要從腹部用力大聲誦經，心靈就能變得輕盈暢快，帶來清爽的好心情。其實誦經也能達到猶如「冥想」的效果，可以讓人專注於當下。

PROFILE

現為曹洞宗寺院的住持。原本一邊擔任高中教師、一邊掌管副住持的職務，從高中退休後專心擔任住持。同時身兼曹洞宗保護司聯合會的會員，致力於推動更生保護活動。興趣是學習中文與英文、前往亞洲各地旅遊。小時候的夢想是成為天文學家，每到晚上就會在寺院裡拿著望遠鏡觀察星宿，展現出生性浪漫的一面。

一早誦經結束後，我父親便會拿著掃把慢慢地把整座寺廟都仔細打掃一遍。寺裡種植著杉木、松樹、凌霄等各式各樣的植物，我父親每天都抱持著愛惜大自然的心情一一整理環境。

麻雀雖小、五臟俱全的寺廟正殿隨時都被打理得乾乾淨淨，只放著少許佛具與親手摺成的千羽鶴作為裝飾。在我還小的時候，時常與哥哥、妹妹一起在正殿遊玩，儘管我當時年紀還小，也會注意身處正殿時一定要挺起脊梁。雖然正殿隔壁就是我們家的餐廳，但這兩個空間中流洩出的氣氛卻完全截然不同。

52

只要多活動身體，所有的事物都能順利進行

父親每天都一定會健走，健走時會穿上運動服快步前進。

只要多活動身體，不僅身心靈能變得更健康，就連人際關係、甚至整個人生都會帶往好的方向。

父親每年到了夏天，都會召集附近的孩子們一大清早來寺廟裡舉行坐禪會。剛開始總是吵吵鬧鬧、鬧成一團的孩子們，只要一踏入本殿就會瞬間安靜下來，等到坐禪結束後，各個都呈現出沉靜柔和的表情踏出寺廟，這一幕令我印象非常深刻。

雖然父親名為「僧侶」，但跟一般人對於僧侶的印象可能不太一樣。平常一聽到「僧侶」，大多會直接聯想到嚴肅簡樸的畫面，不過，我父親卻是非～常自由自在、隨心所欲的和尚呢（笑）。

前些日子，父親從橫濱市鶴見區

53
重視令自己感到興奮期待的事物

當一個人產生興奮期待的心情，對當事者來說都隱含有非常重要的意義。我父親總是能敏感地察覺到自己對於某件事物所生出的興奮期待之情。

父親手腕上戴著這支Apple Watch。只要是他感興趣的事物，一定會盡可能地嘗試。

的曹洞宗本山・總持寺進行法事結束後，順道繞來我家看看。當時儘管他身上還穿著僧衣與草鞋，一看見孫子們就直接一起前往釣魚。不僅如此，還在電車中使用Apple Watch傳了一封郵件給我。我父親擁有強大的好奇心，每天早上都會利用Skype與英文和中文母語者學習25分鐘，而且每天從未間斷！他為了測試自己的中文程度，一年會前往中國旅行3次，每次都只帶一個背包就出發了。

父親總是這麼說：「每一天都有趣極了！」

54
討厭的事情絕不思考超過1分鐘

父親決定，當他產生憤怒、不安、擔心等負面情緒時，絕對不思考超過1分鐘以上。剛開始嘗試的人，也可以利用碼表來試試看。只要養成了這個習慣，每個人都可以很快地轉換自己的情緒。

父親身為僧侶的同時，也全力投入在自己真正喜愛的事物上。就算他已經超過70歲了，他還是很重視自己的興奮期待之情，每天都充滿了活力元氣。他說：「跟我年輕時比起來，現在真是快樂多了呢！」

看著父親的身影，我也希望自己可以像這樣慢慢變老。

55

「放手才是擁有」

我父親很喜歡道元禪師說的一段話：「只有當你放手的時候，才能掌握真正重要的事物」。不必要的物品或想法，就鼓起勇氣放下吧！這麼一來，絕對會有美好的事物朝你而來。

打掃寺廟是父親每天的日課。遇到天氣放晴的日子，父親打掃完後便會到外頭做健康操。看著一大清早就充分活動筋骨的父親身影，也為我帶來了很大的影響。

結語

驀然回首，我們究竟是為了什麼而打理日常生活呢？我想，是為了讓自己與家人舒舒服服地過日子。仔細想想，只要能感受到生活中的小小幸福、笑著度過每一天，其餘的就都不是那麼重要了。

這是我從妹妹那裡聽來的一段軼事。前陣子，我妹妹與孩子們一起泡澡的時候，她突然對小學3年級的姪女這麼說：

「其實啊，媽媽快要去考管理營養士的執照了。雖然媽媽已經很努力念書了，但是去考過兩次、兩次都不合格呢。下禮拜的考試搞不好也會考不過……。」

接著，姪女突然爆笑出聲。

「哈哈哈哈！媽媽居然不及格！哈哈哈哈！」

妹妹沒想到女兒竟然會這樣放聲大笑，而驚訝了好一會兒說不出話來。接下來姪女這麼說了。

「但是只要媽媽繼續考就好啦！」

經女兒這麼一笑，妹妹肩膀上的壓力就好像突然一掃而空了。反正考不過的話，只要再繼續考就行了，總是會有一次考過的嘛。

聽了妹妹這段故事，我也回想起自己小時候只要心裡覺得煩悶焦躁，我總會大笑一陣，把這樣的自己拋到九霄雲外。我想，操持著每天一成不變的日常生活，有時候有需要適度的「彈性」。跳脫出「一定得怎麼做」、「應該要怎麼做」的框架，讓自己順其自然。這麼一來，就能從另外一種角度來看待人事物，油然生出全新的感受。

最後，我要感謝從上一本書就一直陪著我製作出美好書籍的八木編輯（我每次都很期待與八木一起開會的時光），還有讓我的文章與照片都變得更有魅力、宛如擁有魔法般的芝設計師（請教教我這次到底施展了什麼魔法！），此外，還有更多沒辦法在此一一言及的眾多夥伴們，有了大家的幫助，我才能順利完成此書。在這裡我要再一次慎重地表達我的感謝之意。

2016年6月　Michelle

PROFILE

Michelle

1978年出生於山形縣的寺廟當中。自關西外國語大學英美語文學系畢業後，與美國人丈夫結婚，現在與丈夫及3名孩子居住在神奈川縣橫濱市。隨著丈夫工作上的調職，目前為止曾輾轉居住過夏威夷、神奈川縣葉山、加州等地，在許多不同的土地上經營生活。著有《ミニマルに暮らす with 無印良品》（中譯本：無印良品極簡生活提案）、《毎日がもっとハッピーになる朝型生活のはじめかた》（SB Creative）等書。

うらうらな日々。（晴朗和煦的每一天）
http://urauradays.blog.jp/
Instagram
http://www.instagram.com/ura_ura_days/

讓生活簡單快適的55個靈感

沒有雜物的家可以裝下更多幸福，心也更自由

作　　者　蜜雪兒みしぇる
譯　　者　林慧雯

發 行 人　黃鎮隆
副總經理　陳君平
責任編輯　周于殷
美術總監　沙雲佩
封面設計　吳佩諭
公關宣傳　邱小祐、吳姍
國際版權　黃令歡、李子琪

出　　版　城邦文化事業股份有限公司　尖端出版
台北市民生東路二段141號10樓
電話：（02）2500-7600　傳真：（02）2500-1975
讀者服務信箱：spp_books@mail2.spp.com.tw
發　　行　英屬蓋曼群島商家庭傳媒股份有限公司
城邦分公司　尖端出版行銷業務部
台北市民生東路二段141號10樓
電話：（02）2500-7600　傳真：（02）2500-1979
劃撥戶名／英屬蓋曼群島商家庭傳媒（股）公司城邦分公司
劃撥帳號／50003021　劃撥專線／（03）312-4212
※劃撥金額未滿500元，請加附掛號郵資50元
法律顧問　王子文律師　元禾法律事務所　台北市羅斯福路三段37號15樓

台灣總經銷　中彰投以北（含宜花東）高見文化行銷股份有限公司
電話：0800-055-365　傳真：（02）2668-6220
雲嘉以南　威信圖書有限公司
（嘉義公司）電話：0800-028-028　傳真：（05）233-3863
（高雄公司）電話：0800-028-028　傳真：（07）373-0087
馬新總經銷　城邦（馬新）出版集團　Cite（M）Sdn Bhd (458372U)
電話：603-9057-8822 傳真：603-9057-6622
香港總經銷　城邦（香港）出版集團 Cite（H.K.）Publishing Group Limited
電話：（852）2508-6231　傳真：（852）2578-9337
E-mail：hkcite@biznetvigator.com

版　　次　2017年7月1版1刷　Printed in Taiwan
I S B N　978-957-10-7363-7

國家圖書館出版品預行編目(CIP)資料

讓生活簡單快適的55個靈感:沒有雜物的家可以裝下更多幸福，心也更自由 / 蜜雪兒作. -- 1版.
-- 臺北市 : 尖端, 2017.07
面；　公分
ISBN 978-957-10-7363-7(平裝)
1.家政
420　　106003546

◎版權所有・侵權必究◎
本書如有破損或缺頁，請寄回本公司更換